그녀가
프라다 백에
남긴 책

그녀의 프라다 백에 담긴 책

지은이 | 이유정
펴낸곳 | 북포스
펴낸이 | 방현철
기획진행 | 이미경(The Conts)

1판 1쇄 펴낸날 | 2009년 04월 20일
1판 2쇄 펴낸날 | 2009년 10월 20일

출판등록 | 2004년 02월 03일 제313-00026호
주소 | 서울시 마포구 합정동 414-18 402호
전화 | (02)337-9888
팩스 | (02)337-6665
전자우편 | bhcbang@hanmail.net

ISBN 978-89-91120-29-7 03320

값 12,000원
*잘못된 책은 바꾸어 드립니다.

그대의
프라다
백에
담긴 책

| 이유정 지음 |

북포스

책읽기는 점보기와 닮았다.

내 주변에는 점을 보는 여자들이 많다. 그들은 골치 아픈 문제가 생겼을 때, 일이 잘 풀리지 않을 때 습관처럼 점을 보러 다닌다. 나온 점괘가 신통치 않으면 자신이 원하는 점괘가 나올 때까지 몇 집이고 용하다는 곳을 찾아다녀, 결국 자신이 듣고 싶은 답을 듣고야 만다.

그런 걸 볼 때마다, 우리는 인생의 문제를 해결하고 싶어 점을 보지만, 이미 답은 마음속에 있는 것 아닐까 하는 생각이 든다. 다만, 그걸 '용하다'는 누군가의 입을 통해 듣고 확신을 얻고 싶은 것이 아닐까 하는 생각.

독서도 마찬가지다.

의식을 못할 수도 있지만, 책을 읽는다는 것은 어떤 문제를 안고 있다는 말이다. 비둘기집처럼 다정하고 화목한 가족의 구성원이 구태여 『즐거운 나의 집』을 읽을까? 패리스 힐튼이 『시골의사의 부자 경제학』을 읽을까?

우리가 읽는 책은 저마다의 결핍감과 문제의식을 보여준다. 책을 읽다가 내 마음을 그대로 표현해 놓은 듯한 한 문장을 만났을 때, 우리는 흡사 마음에 드는 점괘를 만난 것 같은 기쁨을 느낀다. 내 안에 이미 존재하고 있던 인생의 정답을 책갈피에서 발견하는 기쁨! 독서의 즐거움은 여기에 있다.

책 속에 길이 있다고 한다.

나는 그 길이 바로 마음속의 해답이라고 생각한다. 내 인생을 바꿀 한 문장, 정신이 번쩍 나는 한 페이지는 바로 내 안에 그것이 있었기 때문에 내 눈에 뜨인 것이다. 책은 좀 더 쉽게 그 길을 찾아가도록 도와준다.

책의 가장 큰 약점은 처음부터 끝까지 읽어보지 않고서는 모른다는 것. 인터넷 동영상처럼 스킵할 수도, 비디오처럼 빨리 돌릴 수도 없다. 이 책은 표지와 광고에 혹해서 산 책이 책상 한 구석에서 먼지 쓰고 있는 모습을 더 이상 보기 싫은 2030 여자들을 위해 썼다. 나 역시 읽지 않아도 될 책을 읽으며 많은 시간을 낭비했고, 그 상상초월의 시간이 쌓여 이제는 책을 쓱 훑기만 해도 어떤 책인지 감 잡을 정도가 되었다. 내 인생에 문제가 있을 때마다 나를 위로해주고, 내 마음의 해답을 보여준 책들을 소개하는 것으로, 나처럼 한국에 태어나 살아가는 것 자체가 전쟁의 연속인 2030 여성들에게 약간의 도움이라도 주고 싶었다. 도움이 안 된다면 요령이라도!

잊지 말자, 답은 결국 내 마음 속에 있다.

P.S 나에게는 프라다를 비롯한 어떤 명품백도 없다.

다만 거리에 넘쳐나는 명품백 숫자만큼 그 안에 책이 담겨있다면 좋겠다는
마음에서 붙인 제목이다.

혹 제목과 다른 내용에 실망하실까봐 미리 일러둔다.

차례

part 5
치유
Therapy

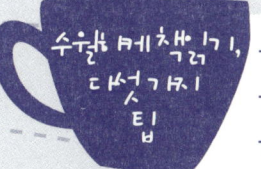

수월한 책읽기,
다섯가지
팁

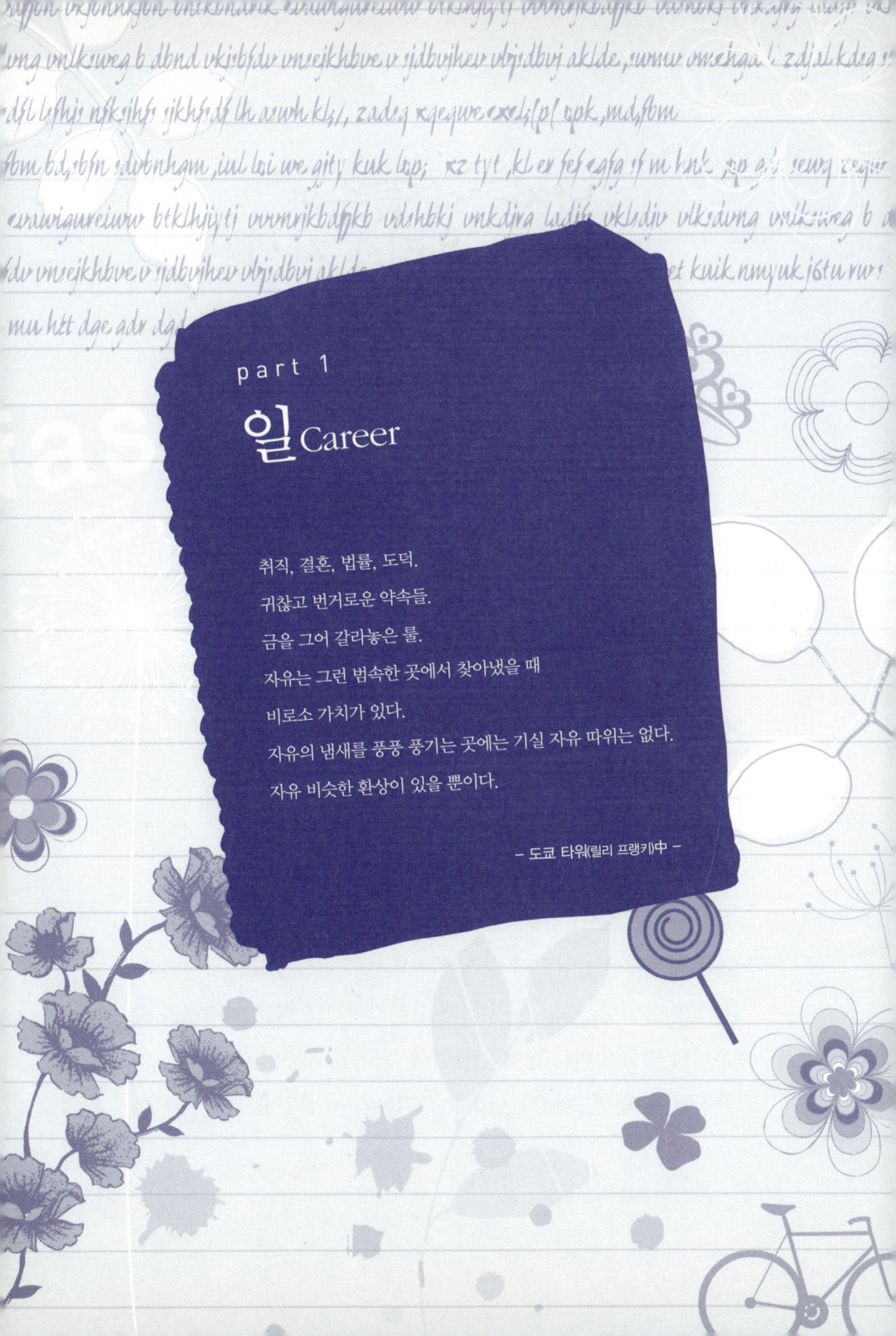

part 1

일 Career

취직, 결혼, 법률, 도덕.

귀찮고 번거로운 약속들.

금을 그어 갈라놓은 룰.

자유는 그런 범속한 곳에서 찾아냈을 때

비로소 가치가 있다.

자유의 냄새를 풍풍 풍기는 곳에는 기실 자유 따위는 없다.

자유 비슷한 환상이 있을 뿐이다.

― 도쿄 타워(릴리 프랭키)中 ―

chapter 01

남자들의 꼼수에 대처하는 우리의 자세

• 여성 커리어 •

남자처럼 일하고 여자처럼 승리하라 | 남자들이 여자들을 부려먹는 놀라운 방법들
여자의 모든 인생은 20대에 결정된다 | 페미니즘의 도전

나는 사회생활을 영업직으로 시작했다. 멀쩡하게 대학 나와 잡상인 취급받으면서 빌딩 경비원이나 회사 직원들에게 쫓겨나는 것도 힘든 일이었지만, 그것보다 더 견디기 힘든 건 회사 내의 텃세였다.

회사에서는 창사 이래 처음으로 영업직에 여자 신입사원을 뽑았고, 각 지점에서는 탐탁지 않게 여기면서도 회사 방침이라니까 우리를 받아들였다. 영업 사원 선배들은 스물서넛 먹은 여직원이 들어오니까 내심 얼마나 버티랴 하면서 '귀여워' 해주었다.

하지만 몇 달이 지나도 사표를 쓰기는커녕, 물건을 팔기 시작하

고, 자신들의 실적을 가져가자 위기감을 느꼈던 것 같다. 태클이 들어오기 시작했다. 담당구역과 나의 보직이 엉키면 자기 담당구역을 필사적으로 지키려했고, 내가 뒤치다꺼리하며 닦아놓은 거래처에서 날름 실적만 가져가려고도 했다. 그때마다 선배들과 싸웠고, 사무실 안에서 싸우다 울어버린 일까지 있었다.

그때는 정말 '이 사람들이 나에게 왜 이러나?' 하는 생각밖에 없었다. 남자들이 자신들의 영역을 침범당하면 맹수로 돌변한다는 사실을 까맣게 몰랐던 것이다. 그도 그럴 것이 학교에서 만나는 남자들은 그렇지 않았기 때문이다. 나는 생존의 장에서 처음 남자들을 만난 것이다.

● ● ●

회사는 경기장, 경기의 룰을 간파하라!

그로부터 5년이 지난 후, 『남자처럼 일하고 여자처럼 승리하라』(게일 에반스 | 공경희 | 해냄)라는 책을 만났다. 책장을 넘기며 얼마나 아쉬웠는지 모른다. 이 책이 몇 년만 더 일찍 나왔더라면……. 그랬더라면 쓸데없는 오해나 갈등을 줄이고 직장 생활을 좀 더 성공적으로 할 수 있었을 텐데!

직장 생활을 시작하는 여성들에게 가장 권하고 싶은 책이다.

회사를 이해하려면 운동경기를 생각하면 쉽다. 회사는 경기장이다. 남자들은 어릴 때부터 각종 스포츠를 통해 경기장에서의 룰을 숙지하고 있으며, 경기의 목적이 '이기는 것'이라는 사실을 알고 있다. 이 책에는 언급이 없지만 우리나라 남자들은 대부분 군대를 거치니, 그 룰이 뼛속까지 새겨져 지워지기 어려울 것이다.

이에 비해 여자들은 어려서부터 주변의 사랑과 귀여움 받는 법을 익히고, 관계 맺기에 주력한다. 그러니 경기장의 룰을 모를 뿐 아니라, 경기의 목적을 '좋은 관계를 맺는 것'이라고 착각한다.

남자들은 경기에서 이기고자 어깨를 걸고 으쌰으쌰 나아간다. 설령 그 안에서 동료들과 마음이 안 맞더라도 하나의 목표가 있기 때문에 그런 것은 적당히 타협하며 무시한다. 하지만 여자들은 회사에서 만나는 사람들과의 관계 맺기에 중점을 두고, 동료나 상사에게 좋은 사람으로 남고 싶어 한다. 그러므로 마음이 안 맞는다든지 갈등이 생기면 그 문제를 우선 해결하려 한다.

내가 이 책을 읽으며 무릎을 쳤던 부분이 바로 이 부분이다. 상사로부터 일을 못해 질책 당했을 경우, 남자들은 "네."하고 다시 일을 해오는 반면, 여자들은 '저 상사가 나에게 왜 이럴까? 내가 뭘 잘못보였나? 나를 싫어하는 걸까?' 등등 굳이 신경 쓰지 않아도 될 일에 정신이 팔려서 정작 일을 뒷전으로 미루게 된다.

내 직장생활이 피곤했던 이유는 여기에 있었다. 일에 대한 질책과 나에 대한 비난을 구분하지 못했던 것이다. 이 사실을 알게 된 것만으로도 이후 나의 직장생활은 많이 편해졌다. 상사의 질책은 '나'를 향한 게 아니라 '나의 일'을 향한 것이라고 객관화할 수 있었기 때문이다.

이 책을 읽는 여성들은 저마다 자신의 약점에 따라 해결책을 찾을 수 있다. 소심한 사람은 자신의 능력과 실적을 스스로 PR하는 것이 부끄러운 일이 아니라는 사실을 알게 될 것이고, 울보는 울음을 뚝 그쳐야 한다는 걸 알게 될 것이다. 남자들의 살벌한 농담에 상처받았던 사람은 그들과 같은 방식으로 유머를 섞어 되돌려주는 법을 배우게 될 것이다.

이 책이 나온 후 『○○처럼 ○○하라』는 제목의 책들이 쏟아져 나왔다. 아류작들이 쏟아져 나오는 동안 이 책은 베스트셀러에서 고전의 반열에 올라섰다. 직장생활을 시작하는 여성들은 이 책을 읽을 필요가 있다. 저자의 말대로 '모든 사람이 그 규칙을 따를 필요는 없지만 어떤 규칙이 있는지조차 모른다면 양손을 등에 묶고 게임을 하는 것과 마찬가지' 이기 때문이다.

● ● ●

남자들의 꼼수에 대응하는 법

모든 게 서툴고 적응하는 것만으로도 힘겨운 신입사원 때는 무심코 넘겼던 일들이, 직장생활 연차가 올라가면서 억울하게 느껴지는 시기가 온다. 이를테면, 업무 시간에 열심히 일하고 정시에 퇴근하는데 그 뒤통수에 대고, "칼퇴근에 목숨 건다."는 비아냥을 노골적으로 날려대는 남자들. 부탁을 거절하지 못해 내 일을 뒤로 미루고 남의 일 해줬더니, 나중에는 관행으로 굳어져 해주지 않으면 적반하장으로 화를 내는 남자들. 하루에도 몇 번씩 담배 피운다는 핑계로 나가서 땡땡이치는 건 대수롭잖게 여기면서 여자들 생리휴가 쓰는 건 쌍심지를 켜고 불쾌해하는 남자들.

그러나 정작 연봉협상 시즌이 되면, 승진하고 연봉이 올라가는 사람은 그런 남자들이다. '나는 회사에서 남자들의 뒤치다꺼리나 해주는 여자일 뿐인가?', '왜 일은 내가 더 많이 하는데, 인정은 저 사람들이 받지?' 이런 생각 한 번 해보지 않은 직장여성이 있을까.

그런 경험은 우리나라 여자들만 하는 게 아닌 모양이다. 여성권한척도(GEM) 9위인 독일 여성도, 64위인 한국 여성과 같은 경험을 하고 있으니 말이다. 독일의 여기자가 쓴 『남자들이 여자들을 부려 먹는 놀라운 방법들』(클라우디아 피늘 | 정혜경 | 웅진닷컴)은 서점에서 제목을 보자마자 덥석 집어든 책이다. 책을 살 때면 항상 꼼꼼하게 살피고 서평도 읽는 등 심사숙고하는 내가 두 번 생각하지 않고 샀을 정도로 제목에 마음이 꽂혔다. 지갑에서 돈이 나간 다음에야 '제목만 그럴싸한 책이면 어쩌나' 걱정을 했는데, 첫 장을 펴면서부터 '이건 내 이야기야!' 하면서 홀딱 빠져들어 읽게 되었다.

남자들은 업무 시간의 대부분을 자신의 출세와 성공을 위해 사용한다. 그러면 실제 회사 업무는 누가 할까? 그야 당연히 군소리 없이 자신의 일뿐만 아니라 남자들의 일까지 주어진 시간 안에 깔끔하게 해내는 여자들이다.

뭔가 쩌르르 감이 오지 않는가? 남자들은 자신의 게임에서 여자들을 이용만 할 뿐 기회를 주지 않는다. 헌신적으로 도와주고 묵묵히 일하면 기회가 오는 것은 TV 프로그램, 그것도 시대착오적인 일본 드라마에서나 일어나는 일이다.

이 책에서 마음에 드는 점은 남자들의 교묘한 꼼수를 적나라하게 파헤칠 뿐만 아니라 그것에 대응하는 방법까지 알려준다는 점이다. 시간만 축내면서 뭐든지 떠넘기는 남자가 있는가? 일은 일을 부른다. 시키는 대로 하지 마라! 오래 회의하기가 취미인 남자가 있는가? 회의를 효율적으로 리드하라. 잘 된 일은 모두 자기 탓이라며 자랑하는 남자가 있는가? 깎아내리는 대신 내 능력을 알리고 성과를 챙겨라. 종일 컴퓨터 앞에 앉아 있기는 하는데 일을 하는지 오락을 하는지 알 수 없는 인간이 있는가? 그런 놈(!)의 설거지는 당장 그만둬라. 여자가 해야 더 잘할 수 있는 일이라고 말하는가? 거절하라. 그리고 더욱 중요한 일을 하라. 자꾸 칭얼대는가? 어린애는 같이 놀아주지 않으면 된다.

해결책대로 행동하느냐는 차후의 문제. 읽는 동안 속이 후련해지는 것만으로도 이 책은 볼만한 가치가 있다. 마음속에 쌓아두고 하지 못했던 말들, 분명히 억울한데 무엇 때문인지 콕 집어 정리할 수 없었던 내용을 일목요연하게 예까지 들어서 설명해주니, 이거야말로 진정한 힐링이 아닐까?

아무리 친한 친구라도 같은 직장에 다니지 않으면 열 내서 떠들어봤자 큰 위로를 받을 수 없다는 거, 경험상 우리 모두 알고 있다.

이 책은 흡사 같은 직장의 마음 맞는 언니한테 못된 상사 흉보고 위로 받는 기분을 느끼게 해준다.

● ● ●

실속 있는 속물로 거듭나기

요즘은 그렇지 않지만, 출판사가 어떤 책을 미친 듯이 광고할 때는 대개 그 책에 자신이 있을 때다. 『여자의 모든 인생은 20대에 결정된다』(남인숙 | 랜덤하우스)는 신문을 들출 때마다, 서점에 갈 때마다 광고를 보는 통에 지겹게 눈에 띄었던 책이다. 그때마다 '여자의 삶이 20대에 결정된다니, 30대는 서러워 살겠나?' 하며 지나쳤다.

그러던 어느 날, 우리 회사의 20대 여자 디자이너가 이 책을 사들고 왔다. 정작 책을 사온 20대 여성은 재미없다며 반도 읽지 않았고, 30대 여성들이 줄줄이 빌려 읽었다. 그 중 한 명이 20대에 자신이 딱 이렇게 살았기 때문에 지금 괜찮은 30대의 삶을 누리게 되었다며 자화자찬이 대단했다. 그 말을 듣고 어떤 책인가 솔깃하여 읽었다.

이런 경우처럼, 10대나 20대를 위해 쓴 책이 정작 그들에게는 가 닿지 않고 산전수전 겪어본 사람에게 어필하는 경우가 많다. 그런 책을 20대에 이해하고 자신의 삶에 적용시키는 사람이야말로 선수라고 할 수 있겠다.

이 책이 20대에게 거부감을 준다면 '속물이 되라'는 메시지 때문일 수도 있다. 조건을 따져 결혼하고, 직장에서도 자신의 성과를 악

착같이 따먹고, 바보처럼 희생하기보다 자신을 소중히 여기고 높이 대우하라는 이 책의 메시지는 실제로 많은 남성들로부터 "세상 말세다."는 식의 비난을 받기도 했다. 하지만 나는 순수하고 착한 20대 여성들이 이 책을 읽고 속물로 거듭나기를 바란다. 제대로 된 속물은 "어우… 저 속물!" 소리를 듣지 않는다. 그게 가능하냐고? 이 책을 읽으면 방법이 나온다.

내가 이 책에서 가장 뜨끔했던 부분은 이것이다.

어떤 선택의 기로에 서더라도 지금 당장 자신의 마음이 시키는대로 하지 말라. 그것은 정말 당신이 원하는 것이 아니라 당신 머릿속의 프로그램이 시키는 것일 수 있다.

나쁜 남자에게 매력을 느끼는 것, 사장님이 불쌍해서 월급도 나오지 않는 회사에 눌러앉는 것, '좋은 게 좋은 거지' 하면서 꾹 참는 것들이 당신의 '착한' 마음이 시키는 게 아니라 오랫동안 주입된 '여자는 착해야 된다'는 고정관념이 시키는 일이라니! 이제 양심의 가책에서 벗어나 진짜 내가 원하는 게 뭔지 생각해보는 일만 남았다.

● ● ●

세상을 움직이는 다른 목소리
그럼에도 이런 책은 읽고 싶지 않다는 당신! 내 짐작은 이렇다.

"『여자의 모든 인생은 20대에 결정된다』같은 노골적인 제목의 책을 어떻게 들고 다녀요? 날 성공에 목매는 여자로 알까봐 겁나요."
아니면, "『남자들이 여자들을 부려먹는 놀라운 방법들』 읽다가 남
친한테 혼났어요."

천성적으로 착한 여자 증후군을 가지고 태어난 우리들은 까다로
운 여자로 비춰질까봐, 남자들이 거품 물고 싫어하는 페미니스트로
보일까봐 전전긍긍한다. '오빠가 싫어하는데, 이런 책 읽지 말아야
할까?' '점점 아는 게 많아질수록 왜 주변 남자들과 사이가 나빠지
는 걸까?' 라는, 근본적인 고민에 빠져든 사람들도 있을 것이다.

맞다. 여자들이 이런 책을 읽어댈수록 남자들은 골치 아파진다.
그런데, 골치 아픈 게 나쁜 것일까? 그 골치는 누가 아픈 것일까?
여기에 근본적인 답을 해주는 책이 있다. 보수적인 한국 남자라면
제목만 보고도 거품 물고 쓰러질 『페미니즘의 도전』 (정희진 | 교양인).

직장인이든, 백수든, 여자든, 남자든 조건을 떠나서 많은 사람들
이 이 책을 읽었으면 좋겠다. 바로 이런 책을 권하기 위해 나는 지
금 이 책을 쓰고 있다. 사실은 나도 이 책이 좋다는 말을 오래전부
터 들었지만 무려 1년 이상 피해 다녔다. 스스로 페미니스트라고
자처하면서도 '페미니즘' 이라는 제목이 떡 하니 박힌 책을 읽는 것
이 왠지 부담스러웠다. 그렇게 1년여의 저항 끝에 이 책을 읽었을
때, 많이 후회했다. 왜 이제야 읽었을까? 내가 썼던 글과 내가 했던
말에서 나는 얼마나 많은 결례를 저지르고, 많은 사람들에게 상처
를 줬을까? 자책감과 반성이 밀려왔다.

저자의 말에 따르면 사랑한다는 것은 상처받는 것이다. 잘 생각

해보라. 나를 모르는 사람이 날 비난 할 때와 내 친구나 남편이 나를 비난할 때, 어느 쪽이 더 아픈지를. 관심이 없으면 상처받지 않는다.

골치 아파진다는 것은 결코 나쁜 일이 아니다. 골치 아파진다는 것은 이제까지 무관심했던 문제에 대해서 관심을 두고 생각하기 시작했다는 뜻이니, 세상을 바꾸기 위한 첫 단계는 바로 골치 아프게 하는 것이다.

페미니즘이란 이제까지 남자들이 가지고 있던 기득권을 여자들에게 내놓으라는 게 아니다. 세상을 보는 잣대를 하나에서 여러 개로 바꾸자는 말이다. "남성적이라는 것이 무슨 말인지 모르겠습니다."라는 질문에 "당연하지요. 세상에 그것밖에 없으니까요."라고 대답한 프랑스의 철학자가 있었다 한다. 세상에 하나의 목소리만 있을 때는 다른 목소리는 물론이고 그 한 가지 목소리마저도 알기 어렵다. 의미는 차이가 있을 때 발생하기 때문이다. 여당과 야당 같은 거다. 여당만 있으면 독재다.

이 책에서 중요하게 다룬 것은 여성주의에 대한 정의와 함께 차별과 모성에 관한 부분이다. 휠체어를 사용하는 장애인과 두발로 걷는 비장애인에게 동일한 조건에서 달리기 경쟁을 하라는 것은 평등이 아니다. 그러나 아직도 우리 사회의 평등은 장애인이 장애를 극복하여 비장애인과 같아지는 것을 의미한다. 이것은 사회적 강자의 기준을 강요하는 것이지 평등이라고 볼 수 없다. 즉, 차이가 차별을 만드는 것이 아니라 권력이 차이를 만든다.

또한 모두가 '본능'이라고 말하는 '모성'이 실은 본능이 아니라 정치적인 언어라는 주장도 설득력 있게 다가온다. 모성은 어머니와 자녀의 관계를 설명하는 말이 아니다. 모성은 남성과 여성의 관계를 의미한다. 만약 모성이 본능이라면, 미혼모도 어머니이므로 차별당해선 안 된다. 미혼모에 대한 우리 사회의 인식은 부정적이다. 그 바탕에는 합법적 아버지가 있어야 어머니와 자녀도 존재할 수 있다는 생각이 깔려있다.

'본능'이라는 이 모성 때문에 여성은 남성 임금의 절반을 받는다. 모든 여자가 아기를 낳는 것도 아닌데, 단지 그 가능성 때문에 말이다. 여성이 자궁이 있기 때문에 어머니가 되어야 한다면, 성대가 있는 사람은 모두 오페라 가수가 되어야 할까?

인터넷 게시판을 쑥대밭으로 만들어놓는 군 가산점제 논란에 대해서도 명쾌한 해석을 내려놓았다. 결국엔 '그렇게 억울하면 여자도 군대 가라'로 결론 나던 그 문제는, 군대 안가도 되는 남자와 군대 가야만 하는 남자의 싸움이, 여자들에게 전이되었다는 것이 핵심이다. 자격이 되면서도 돈이나 권력을 이용해 군대에 안가는 사람에게로 날아가야 할 화살이 엉뚱하게 여자들에게 겨누어진 것이다.

이 책을 읽고 나면 세상을 보는 눈이 밝아진다. 그래서 피곤하다. 평소 아무렇지 않게 생각했던 말이나 행동이 매우 거슬리니까. 이 책을 읽고서 "세상에서 제일 불쌍한 게 한국 남자다. 한국처럼 여자가 살기 편한 나라도 없다."고 말하던 누군가의 입을 바늘로 쫑 쫑 꿰매버리고 싶었다. 그전까지는 듣기 싫어도 그러려니 넘어갔었는데 말이다.

누군가 무심코 툭 던지는 말 한마디, 개그맨들이 일상적으로 해대는 외모 비하 코미디, 인터넷의 마초들이 써놓은 댓글 한 줄에 상처받을 때마다 나는 이 책에 씌어 있던 말을 되새긴다. 사랑한다는 것은 상처받는 것이라고.

chapter 02

나는 진정 쌈닭인가?
• 효과적인 커뮤니케이션 •

협상의 법칙 | 설득의 심리학
스틱 | 가스등 이펙트 | 배려

영화 「러브 액추얼리」를 보면, 말이 통하지 않는 스페인 가정부와 영국 작가가 말 한마디 하지 않는데도 서로의 마음을 읽는 장면이 나온다. 같은 말을 써도 대화가 되지 않는 남자가 수두룩한 세상에서 저런 이심전심이라니……. 몹시 부러워했던 기억이 난다.

　말이란 참 이상해서, 커뮤니케이션을 돕기 위해 만들어졌는데도 오히려 말 때문에 오해가 생겨나고 갈등과 분쟁이 일어나기도 한다. 나는 성격이 급한 편이라 굳이 하지 않아도 될 말을 뱉고 나서 주워 담지 못해 후회하는 일이 비일비재하다. 그러면서도 정작 시시비비를 따져 제대로 덤벼야 할 때는 어버버 하다가 나중에야, '이렇게 말할 걸, 저렇게 말할 걸, 왜 이런 말을 못했지?' 뒤늦게 발등을 찧으며 후회한다.

● ● ●

협상을 못하면 월급도 못 받는다

사회생활을 오래 할수록, '자신이 하는 일만큼이나 중요한 것은 자신이 한 일을 포장해서 드러내는 것'임을 실감한다. '그저 묵묵히 성실히 일하면 알아주겠지' 하는 태도는 자신의 가치에 대한 예의가 아니다.

여자들에게 가장 취약한 덕목은 협상인 것 같다. 모 아니면 도, 기면 기고 아니면 아니라는 식의 딱 부러지는 태도 덕분에 얼마나 많은 여성들이 손해를 보며 사는지. 게다가 '협상'이라는 말에는 어쩐지 불쾌한 것을 받아들이고 불의를 묵인한다는 느낌이 있어 거부감을 느끼는 사람들이 많은 것 같다. 양반 문화에 익숙한 한국의 점잖은 관료들이 국제무대에서 내줄 거 다 내주고 받을 건 하나도 못 받아 오는 협상 실력을 보고 있자면 이게 국민성인가 싶기도 하다. SOFA 개정이니 FTA이니, 경제수역을 결정하는 문제까지 국제무대에서 한국의 협상력은 꼴찌에 가깝다.

그런 한국인인데다, 고분고분 순종하며 문제 만들지 않고 사는 것이 여성의 미덕이라고 교육받아온 우리들이니 '협상'이라는 말에 미간부터 찡그리는 건 어쩌면 당연한 귀결일지도 모르겠다.

하지만 세상은 변했다. 국제 문제에서도 사회생활에서도 이제 협상은 필수조건이며 그것도 아주 중요한 덕목이다. 우리 생활에 가장 자주 쓰는 '협상' 이라는 말이 '연봉' 뒤에 가서 붙는 것만 봐도 알 수 있다. 월급마저도 정해진대로 받는 게 아니라 협상을 통해 받아내야 할 정도로 세상은 변했다.

『협상의 법칙』(허브 코헨 | 강문희 | 청년정신)은 저자가 한국 사람이 아니어서 신뢰가 간다. 저자 허브 코헨은 지미 카터, 로널드 레이건 시절에 대 테러리스트 협상 자문을 했던 40년 경력의 협상 전문가라고 한다. 그렇다고 이 책이 그런 덩치 큰 협상만을 대상으로 하고 있을 거라고 오해하면 곤란하다.

저자의 말에 따르면 세상의 80%가 협상이다. 백화점에서 떼쓰는 아이를 달래는 것도, 하이마트에 가서 김치냉장고를 구입하는 것도, 여자 친구에게 결혼 승낙을 얻어내는 것도 전부 협상이다. 내가 벽이나 가구와 이야기하는 게 아닌 이상, 사람과 사람의 관계라면 협상이 끼어들 여지는 어디나 있는 법이다.

이 책의 광고 문구에는 '선물 받은 둘째 날부터 책표지를 싸서 들고 다녔다' 는 누군가의 경험담이 적혀 있는데, 그 광고가 결코 과장으로 느껴지지 않을 만큼 '나만 알고 있었으면 좋겠다' 싶은 정보가 한 가득이다.

협상의 3요소는 '시간, 정보, 힘' 이다. 그 중에서도 성격 급한 나에게 격하게 다가왔던 것은 '시간' 이다. 우리나라 기업이 중국에서 제대로 성공하지 못하는 이유가 중국 사람들의 '만만디' 때문이라고 한다. 우리나라뿐만 아니라 많은 나라들이 중국의 이런 점 때문에 협상에서 이기지 못한다고 한다. 결국 여유를 가진 자가 이기게 되어 있다.

나는 뭐든지 깔끔하고 산뜻하게 매듭짓는 것을 좋아한다. 그러다 보니 서둘게 되었고, 결국 손해 보고서라도 일을 빨리 처리하는 편이었다. 이 책을 읽고서 그런 태도가 협상에서 불리하다는 것을 알게 되었고, 고치려고 의식적으로 노력했다. 그러다보니 나중에는 상대방의 조급함을 읽을 수 있는 경지에 이르렀다.

나처럼 성격 급한 사람들은 '시간'에 관한 조언이 도움이 될 것이고, 아무 준비 없이 협상에 임하는 사람들에게는 '정보' 부분이 도움이 될 것이다.

협상이란 서로 불만이 있어도 참고, 원하는 것을 양보하면서 합의하는 것이 아니라 서로 원하는 것을 만족하게 채우고 윈윈하기 위하여 존재한다. 이 책을 읽고 협상에 대한 나쁜 이미지를 걷어낸다면, 그것만으로도 책을 읽은 보람은 충분할 것이다. 특히 사기를 잘 당하거나, 평소에 '팔랑귀'라는 별명을 가진 사람들에게는 값비싼 보약이 될 것이다.

● ● ●

설득을 위한 여섯 가지 법칙

나에게 책표지를 싸서 남들에게 들키지 않고 혼자 읽고 싶은 책을 묻는다면 『설득의 심리학』(로버트 치알디니 | 이현우 | 21세기북스)을 꼽겠

다. '사람의 마음을 사로잡는 6가지 불변의 법칙'이라는 부제가 붙어 있는 이 책은, 어떻게 보면 심리학 책이고, 어떻게 보면 대화의 기술에 관한 책인데, 어느 장르로 보더라도 단연 눈에 띈다.

한 여자가 대로변에서 모르는 남자에게 칼로 찔려 살해당한다. 주변 아파트와 상가에서 현장을 지켜보고 있었던 사람들이 수십 명이다. 하지만 아무도 경찰에 신고하지 않았고, 여자는 죽고 말았다. 아마 그날 저녁 TV 뉴스의 아나운서는 119에 전화하지 않은 이웃 주민들을 탓하며 이런 멘트를 하지 않았을까.

"삭막하고 이기적인 현대인들의 무관심이 비극적인 죽음을 초래하고 말았습니다."

하지만 『설득의 심리학』에서는 다른 진단을 내린다. 만약 그때 목격자가 한 사람이었다면 분명히 그 여자는 구출되었을 것이라고. 사람들은 목격자가 다수이면 그 상황에 근거하여 엉뚱한 판단을 내린다. '이렇게 많은 사람들이 보고 있는데, 설마 여자가 죽을 리 없어' 같은……. 이를 '다수의 무지 효과'라고 한다. 그러므로 위급한 상황에 처했을 때는 무조건 "도와주세요!"라고 할 것이 아니라 "거기 파란 잠바 입은 분, 도와주세요!"라고 외쳐야 한다.

또 하나. 범죄와 갱들의 패싸움으로 총 소리 그칠 날 없던 뉴욕이 어느 날부턴가 조용해졌다. 범죄율이 기하급수적으로 추락한 것이다. 도대체 왜? 그건 시청에서 총탄에 깨진 유리창을 갈았기 때문이다. '깨진 창문 효과'라고 하는 이 이론은, 휴지가 하나 떨어진 청결한 방에서는 사람들이 그 휴지마저 주우려고 하지만, 휴지가 수북한 방에서는 자기 주머니에 있던 휴지도 버리고 가는 심리를 일컫는 말이다. 그러므로 범죄율을 낮추기 위해서는 범죄자들을 잡아들이는 것보다 깨진 유리창을 교체해 밝고 쾌적한 환경을 조성하는 편이 효과적이다.

이 책에는 이런 흥미진진한 사례들이 무궁무진하다. 이성적으로는 도저히 감잡을 수 없는 사람들의 행동 저변에 어떤 심리가 깔려 있는지 보여준다.

영업할 때 지점장이 "고객에게 선물을 할 때는 같은 종류 중 가장 비싼 것을 해라.", "만날 때마다 사탕이든 포스트잇이든 작은 선물이라도 꾸준히 줘라." 라는 충고를 자주 했다. 아마도 보험설계사나 영업사원들로부터 사탕이며 볼펜 등을 받아본 경험은 누구나 있을 것이다. 왜 그것이 영업의 제1법칙이 되었는지도 이 책에 나와 있다.

상호성의 법칙, 일관성의 법칙, 사회적 증거의 법칙, 호감의 법칙, 권위의 법칙, 희귀성의 법칙 등 여기 나오는 여섯 가지 법칙을 알고 나면 사람을 만나는 게 재미있어진다. 저런 행동 뒤에는 어떤 마음이 숨어 있고, 그를 설득하려면 내가 어떻게 행동하면 되는지 알 수 있으니까.

● ● ●

상대의 뇌리에 착 달라붙는 메시지 전달법
재밌는 이야기 또 하나.

출장 가서 갈아탈 비행기를 기다리는 사이, 바에서 만난 미모의 여자가 주는 술을 받아 마신 남자. 그 남자가 눈을 뜬 곳은 얼음이 가득 들어 있는 욕조 안이다. 옆을 보니 "움직이지 말고 911에 신고하세요."라는 메모가 있어서, 그대로 앉아 전화를 했더니 "혹시 몸 뒤로 튜브가 나와 있나요?" 한다. 만져 보니 진짜로 튜브가 만져진다. "그렇다면 당신은 지금 신장을 도둑맞은 겁니다."

이 섬뜩한 도시 괴담은 삽시간에 미국 전역으로 퍼졌다고 한다. 진짜 일어난 일인 양. 물론 수많은 도시 괴담이 그러하듯 누구나 한 번쯤은 들어봤지만, 실제로 당한 사람은 아무도 없는 떠도는 이야기일 뿐이다. 그런데 왜 이런 이야기들은 미친 듯이 퍼져 나갈까?

『스틱!』(칩 히스, 댄 히스 | 안진환, 박슬라 | 웅진윙스)은 그 이유를 가르쳐 주는 책이다. '스틱'이란 '스티커'에서 온 말로, '뇌리에 착 달라붙는 메시지의 힘'이라는 부제가 달려 있다. 광고 카피를 만드는 나 같은 사람에게는 소비자의 뇌리에 달라붙어 떨어지지 않는 메시지를 만드는 것이 세상에서 가장 어려우면서도, 꼭 해야만 하는 일이다. 그러니 이 책에 혹한 것은 당연한 일! 읽어보니 카피라이터는 물론이고 글을 쓰는 작가와 기자, 사람을 상대하는 판매원 혹은 영업직, 프리젠터에게도 꼭 필요한 책이다.

어떤 이야기는 들을 때는 세련됐고, 말 잘한다고 느끼면서도 돌아서면 잊어버리는 반면, 어떤 이야기는 잠깐 듣고 평생을 기억하기도 한다. 도대체 어떤 점이 이런 차이를 만드는 걸까?

이 책에서 이야기하는 조건은 여섯 가지다. 단순성, 의외성, 구체성, 신뢰성, 감성, 스토리! 이에 관해서는 직접 책에서 확인하시고, 그 중에서 내게 인상적이었던 '지식의 저주'에 대해 잠깐 소개하겠다.

'지식의 저주'란, 한번 알고 나면 알기 이전의 상태로 돌아가기 어려워져서 사람들에게 자신이 아는 것을 설명하기 어렵게 되는 현상을 뜻한다. 교수가 학술적인 용어로 장황하게 이론을 설명한 후 학생들이 멍한 표정으로 쳐다보면 "도대체 왜 이 쉬운 걸 이해 못하나?" 하며 답답해하는 상황을 떠올려보자. 아니면 '고향의 봄'을 머릿속으로 생각하면서 막대기로 박자 맞춰 두드려 보라. 듣는 사람은 그게 '고향의 봄'인지 꿈에도 모른다. 그런데 두드리는 사람은 "저 바보, 이걸 왜 몰라?" 하게 된다. 즉 이럴 때 지식은 의사소통의 방해물이라는 것이다.

그러니, 말하는 사람이 듣는 사람의 입장에서 메시지를 전달하는 게 얼마나 중요한가? '초등학생도 알아먹을 수 있게 쓰라'가 드라마 작가들에게 금과옥조인 것은 다 이유가 있다. 자신의 주장을 제대로 전달해서 상대를 설득하겠다면, 상대의 뇌리에 남아 떨어지지 않는 메시지를 전달하고 싶다면, 단순하고 심플하게 구체적으로 설득하라. 상대의 눈높이에 맞춰서!

● ● ●

나쁜 영향력에서 벗어나는 법

이 모든 협상의 법칙과 대화의 기술을 알았다고 해도, 그 모든 것을 무력하게 만드는 관계가 존재하기 마련이다.

"난 어떻게 해도 엄마는 못 이겨요. 엄마가 틀렸다는 걸 뻔히 알지만 도저히 거스를 수가 없어요."_엄마의 반대로 사랑하는 사람과의 결혼을 포기한 서른 중반의 청년.

"처녀 때는 나도 내가 이렇게 살 줄 몰랐어요. 그놈의 정 때문에……."_술만 마시면 손찌검하는 남편과 헤어지지 못하고 10여 년째 살고 있는 주부.

"나 어디 가서 성격 나쁘다는 이야기는 안 듣거든요. 근데 김 주임하고는 마가 낀 건지……. 오늘도 싸웠어요. 김 주임 얼굴만 떠올려도 출근하기가 겁나요."_회사에서 쌈닭으로 불리는 이 대리.

"한두 번이 아니죠. 이번이 다섯 번짼가? 당연히 못 돌려받죠. 그래도 어떡해요? 하나뿐인 동생인데……"_이자 49%가 넘는 사채 빌려서 동생 합의금 만들어주는 형.

아마 누구라도 이런 사람 한 명씩은 주변에 있을 것이다. 어떤 대화의 기술도, 협상의 법칙도 그 사람 앞에만 서면 소용이 없는 관계. 그 사람 앞에만 서면 나는 왜 작아지는가?

『가스등 이펙트』(로빈 스턴 | 신준영 | 랜덤하우스)는 바로 이런 사람에게 대처하는 법을 가르쳐 주는 책이다. 잉그리드 버그만이 나오는 옛날 영화 「가스등」에서 나온 '가스등 효과'라는 말은 알지 못하는 사이에 영향력을 행사하고, 그 영향력 안에서 조종당하는 관계를 지칭하는 말이다.

「가스등」에서 잉그리드 버그만의 남편은 결혼 후 남몰래 다락에 올라가 불을 켜고 보물을 찾는데, 그러느라 1층의 가스등이 밤마다 희미해진다. 아내가 가스등이 희미해진다고 하자 남편은 아내를 신경과민으로 몰다가 나중에는 정신병으로까지 몰아붙인다.

가스등 효과에서는 가해자의 말이 진실인가 아닌가는 중요하지 않다. 그것과 관계없이 피해자는 가해자의 말을 믿게 되고, 스스로 그런 사람이라고 생각하게 되어버린다. 가스등 효과는 부부관계, 애인관계, 모자관계, 직장상사와의 관계 등 가깝고 신뢰하는 사이에서 주로 생긴다. 왜냐하면 '상대방에게 인정받고 싶다. 사랑받고 싶다'라는 욕망이 가스등 효과를 만들어내기 때문이다. 결국 이 책은 '나쁜 영향력'에 관해 이야기하는 책이다.

나는 '카리스마 있다'라는 이야기를 듣는 편이고, 고집도 세서 당연히 가해자일 거라 생각하고 책을 읽었는데, 읽어나가다 보니 의외로 피해자의 면모를 가지고 있어 충격 받았다. 사람이 상대방에게 반발하는 것은 인정을 받으려는 데서 나오는 행동이라고 한다. 내가 끊임없이 누군가와 싸우고, 내 주장을 꺾지 않는 것은 그 사람의 영향력 하에 있다는 반증이라고 한다.

가스등 효과는 3단계로 구분된다.

1단계는 상대방이 억지소리를 해도 "너 왜 그래?"라고 대꾸할 수 있는 단계. 문제는 어이없어 하면서도 마음속에 찜찜함이 남는다는 사실. 왜냐하면 내가 사랑하고 신뢰하는 사람이 그런 이야기를 하기 때문이다.

2단계로 넘어가면 "어쩌면 진짜 내가 그럴지도 몰라."가 된다. 상대방이 자꾸만 같은 것을 지적하고, 그런 행동이 반복되니까 자기에게 문제가 있다고 생각하게 되는 것이다.

3단계로 넘어가면, 아예 상대방의 시각이 되어 자신을 평가하는 단계에 이른다. "맞아, 나 때문에 그가 괴로울 거야. 내가 이렇게 못났는데 누가 날 좋아하겠어?"

1단계에서 영향력을 차단하는 것이 가장 쉽고, 3단계쯤 오면 그게 잘못됐다는 것을 인지하는 데만도 시간이 오래 걸린다. 이런 관계는 오랜 시간을 함께 보내는 가족이나 직장에서 많이 발생한다. 특히 가족 사이에서 이런 나쁜 영향력을 차단하기 위해서는 '문제가 되는 대화는 피하고, 올바르게 보이려 애쓰지 말고, 이해받는 것에 집착하지 말라'고 한다.

눈이 번쩍 뜨였다. 그래! 이해받는 것에 집착하지 않으면 많은 것이 평화로울 수 있다. 생각해보면 가족들끼리 싸우는 이유는 '내가 옳다'가 반, '날 좀 이해해줘'가 반 아닌가? 물론 가족이나 연인, 친구 관계에서 이해 받기를 포기하고, 올바르게 보이지 못한다는 건 갑갑한 노릇이다. 하지만 싸웠다 하면 똑같은 패턴이 반복되고, 말만 시작하면 과거의 일을 들추고, 정말 그러고 싶지 않은데 언제나 똑같은 걸로 다투는 관계에 시달리는 사람이라면 귀담아 들어야 할 조언이다.

• • •

배려는 만기 없는 저축

내가 다니던 직장에는 누군가의 실수로 피해를 보고 투덜대는 직원이나 사소한 갈등으로 뾰로통해 있는 직원에게 "자, 이럴 때 필요한 게 뭐지?"라고 묻는 상사가 있었다. 그러면 화가 나있던 직원은 툭 튀어나온 입술을 누그러뜨리며 "배려."라고 대답했다. 거의 자동 응답 수준으로 교육을 시켰다.

그런데 희한한 건, '배려'라는 단어를 내뱉는 순간 흥분이 가라앉고 이성적으로 생각하게 된다는 것이다. '배려'라는 말에는 자신도 모르게 사람을 착하게 만드는 유전자가 들어 있는 것 같다. 반면, 그렇기 때문에 '배려'라는 말에는 '나만 손해 본다'는 느낌이 묻어 있다. 그래서 『배려』(한상복 | 위즈덤하우스)라는 제목을 봤을 때 속으로 뜨악했던 게 사실이다. '실수는 덮어주고, 대충 수습해서 오늘도 무사히 넘어가자는 말이냐? 이런 책이 베스트셀러라니 문제다'싶었다. 하지만 다 읽고 나서, 내가 배려에 대해 한참 잘못 알고 있었구나 싶었다.

책의 내용은 이렇다.

IT쪽 솔루션을 팔면서 인력도 같이 지원하는 회사의 위 차장은 입사 7년 만에 차장을 달지만, 영업실적이 별로 좋지 못한 프로젝트 1팀으로 발령 난다. 1팀은 6개월 만에 120억을 달성하지 못하면 구조 조정될 위기에 놓인다. 처음에 무시했던 1팀 팀원들에게 하나하나 배워가면서 스스로 달라지는 위 차장의 이야기가 전개된다.

책을 읽으며, 1팀의 직원들이 어느 회사에나 한 명씩은 있는 인물들이라 킥킥대며 웃었다. 외국 유학 마치고 와서 말끝마다 선진국 운운하는 외국물, 언제나 지당하신 말씀만 늘어놓는 공자왈 등 등 캐릭터들이 무척 사실적이다. 누구 하나 마음 가는 사람 없이 죄다 밉상이었는데, 이야기가 전개되면서 위 차장처럼 나도 한 명 한 명에게 배워갔다.

이 책에는 3가지 배려가 나와 있다. '자기를 위한 배려 – 솔직해져라', '자기와 남을 위한 배려 – 남의 입장에서 생각하라', '모두를 위한 배려 – 통찰력을 가져라' 가 그것이다.

솔직한 게 배려라고? 언제나 그 솔직함 때문에 트러블을 일으키는 내 입장에서는 솔깃한 제목이었다. 결국 배려란 남을 위하기보단 자신에게 플러스가 되게 하는 행동이라는 것을 이 책은 가르쳐준다.

나는 2단계까지는 노력하는 중인데, 모두를 위한 배려인 통찰력을 갖는 단계에는 이르지 못한 것 같다. 직급이 올라갈수록 통찰력은 중요한 덕목이다. 배려라는 말에서 무의식적인 피해의식을 느끼는 사람들에게 저자는 '배려는 만기 없는 저축' 이라는 비유를 든다.

또한 사람은 능력이 아니라 남에게 베푼 배려로 자신을 지키는 것이라고도 한다. 돌이켜보면 고개가 끄덕여지는 말이다. 2시간 만에 읽을 정도로 쉬운 책이지만, 내용까지 가벼운 건 아니라, 조직생활을 하는 사람들에게 권한다.

chapter 03

회사는
이런 식으로 돌아간다
•기업성공담•

스타벅스-커피 한 잔에 담긴 성공신화 | 대한민국 희망보고서 유한킴벌리
| 모드 사건

회사에서 새로운 프로젝트에 착수하게 되었다. 우리나라에서는 아직 없던 분야이지만, 시장 전망도 밝고 컨셉이 확실했다. 성공할지 실패할지 알 수 없어서 사람을 새로 뽑을 수도 없었기에, 있는 인원으로 어떻게든 해나가야 하는 상황이었다.

5명으로 시작했다. 프로젝트를 지휘하는 팀장, 디자이너와 나, 그리고 상품을 컨트롤할 직원 2명. 이렇게 6개월여 머리 쥐어뜯으며, 온갖 욕을 해대거나 먹으며, 1호점을 내기 위해 고군분투했고, 결국 무더운 한여름에 1호점 간판을 걸 수 있었다. 그로부터 불과 2

년 후 사원수는 시작할 때의 10배 이상 늘어났고, 1호점은 100호점을 넘어 200호점을 향해 순항했다.

나의 직장생활을 통틀어 이런 경험은 처음이었다. 내 분야에서 최선을 다해오긴 했지만, 생판 모르는 일에 뛰어들어 이리 치이고 저리 깨지면서 일을 만들어 가는 경험은 놀라운 성취감을 가져다주었다. 이 한 번의 경험은 현실적으로 나의 커리어에 보탬이 되었고, 내부적으로는 무엇이든 할 수 있겠다는 자신감을 키워주었다.

● ● ●

작은 회사를 크게 키우는 열정

그 프로젝트를 진행하면서 만난 책이 『스타벅스, 커피 한 잔에 담긴 성공신화』(하워드 슐츠, 도리 존스 양 | 홍순명 | 김영사)이다. 1호점 오픈을 앞두고, 지나온 시간들을 되돌아보고 앞으로 다가올 시간을 준비하며 고른 이 책은 탁월한 선택이었다. 책을 읽는 내내 나는 프로젝트 초창기처럼 피가 뜨거웠다.

잘 나가는 생활용품 회사 부사장 자리를 박차고, 단 3군데 가게를 둔 작은 커피 회사에 취직할 용기는 어디서 나온 걸까? 에스프레소 커피에 대한 애정은 물론, 나를 사로잡은 것이라면 다른 사람도 매혹시킬 것이라는 확신과 미래에 대한 자신감이 있어야 가능한 일일 테다.

내가 이 책을 읽을 때는 초창기 자본을 유치하기 위해 고군분투하던 상황이라, 미국 동부에 몇 개의 체인점을 개설할 때까지의 이야기가 와 닿았다. 그가 느꼈던 절망감, 위기 상황에서 돌파구를 찾는 지점, 가족 같은 멤버들과의 유대감 등이 내가 겪었던 것들과 비슷했기 때문이다.

회사가 커지고, 세계적으로 뻗어나가면서부터는 이야기가 피상적으로 흐른다는 느낌이었다. 하지만 내가 만약 어떤 회사를 이끌어 가고, 그 회사가 어느 정도 궤도에 오른 시점에서 읽었다면 오히려 뒷부분이 더 와 닿았을지도 모르겠다. 브랜드를 지키는 법, 사회에 공헌하는 법, 근시안이 되지 않고 멀리 내다보는 법 등이 잘 나와 있으니 말이다.

이 책 이후 스타벅스를 경영의 모델로 삼아 나온 책들이 꽤 되지만 이 책만큼 괜찮은 건 보지 못했다. 바깥에서 보는 관찰자의 입장보다는 실제로 그 회사를 만들어 키운 사람들의 이야기가 언제나 훨씬 더 와 닿는 법이다.

● ● ●

힘든 시기를 이겨내는 다른 생각

일을 하면서 보람을 찾을 수 있을까? 이어지는 야근에, 어쩌다 저녁 약속이 생겨도 시간 맞춰 퇴근하는 것은 하늘의 별따기. 능력계발을 위한 투자는커녕 술자리에 끌려 다니지 않으면 감지덕지한 상황. 그러다 보면 나의 능력과 시간은 물론 영혼까지 바치는 대가로 월급을 받는 게 아닌가 싶어진다.

일이 끝나면 나를 위해 투자하는 시간을 갖고, 1년에 한 달 정도 여유 있는 휴가를 즐기며, 가족들과의 시간을 배려해주는 그런 직장은 없는 것일까? 아침마다 출근하는 시간이 즐겁고, 내가 이 회사 소속이라는 것이 자랑스러워 뼈를 묻고 싶은, 그런 직장은 정녕 없는 걸까?

모두가 꿈이라고 하는 그런 직장이 있다. 그것도 우리나라에!

『대한민국 희망보고서 유한킴벌리』(정혜원 | 거름)는 'KBS일요스페셜'에 방송되었던 내용을 정리한 책이다.

유한킴벌리는 화장지, 위생용품을 만드는 회사로, 제조업에서 생산성은 기계 가동률과 비례한다. 우리나라에서는 IMF를 겪으며 구조조정을 통해 사람들을 내보내는 바람에 제조업의 기계 가동률이 떨어졌다. 유한킴벌리는 이때 오히려 사람을 늘리는 구조조정을 해서 기계 가동률을 극적으로 높여 생산성을 향상시켰다. 사원들이 늘어나자 개인 각각은 4일간 12시간씩 일하고, 4일을 쉬게 되었다. 쉬는 4일 동안 다양한 교육을 통해 사원들을 지식노동자로 변모시킨다. 이것이 이른바 '4조 4교대제'의 내용이다. 모두들 인건비를 줄이려 혈안이 되어 있을 때, 오히려 반대로 생각해 회사를 궤도에 올려놓은 것이다. 다르게 생각한다는 것이 얼마나 다른 결과를 불러오는지 알 수 있다. 물론 '그건 제조업이니까 가능한 일이야!'라고 할 수도 있겠다.

내 친구는 IMF 시절 여행사에 다녔는데, 그 회사도 직원들을 자르지 않고, 오히려 휴일근무까지 시켜 어려운 시기를 이겨냈다고 한다. 작은 여행사들이 줄줄이 도산하자, 여행객들의 상담과 문의가 폭주해서 휴일까지 일해야 했던 것이다. 어려운 시기에는 이렇게 다른 생각을 하는 회사들이 살아남는다.

홍보 분야에서 일하는 나에게 이 책은 좋은 캠페인을 지속적으로 하는 것이 얼마나 중요한지 알려주었다. 사람들에게 '유한킴벌리' 하면 가장 먼저 떠오르는 것이 뭐냐고 물으면 대부분 '우리 강산 푸르게 푸르게'라고 대답한다. 나무를 베어 펄프를 만드는 기업이 친환경적이고 숲을 사랑하는 이미지를 가지고 있다니 얼마나 대단한가? 자신들의 약점을 감추는 것이 아니라 오히려 그것을 전면에 내세워 '우리는 나무를 자른다. 그러므로 우리는 나무를 심는다'는 캠페인을 지속적으로 진행해 온 결과, 소비자들은 전제된 약점을 잊어버리고, 사회공헌적인 면만 기억하게 된 것이다.

● ● ●

사람을 네트워킹 하라

"회사 사장들 이야기야, 성공했으니까 좋은 것만 보이는 거죠. 쳇."

그럴 수도 있겠다. 같은 내용의 책이라도 성공한 사람이 쓰면 베스트셀러가 되는 반면, 실패한 사람이 쓰면 원고 상태로 출판사한테 딱지 맞는 게 세상 이치니까.

그렇다면, 이 여자는 어떨까?

잡지를 만들다가, 마흔두 살 나이에 훌쩍 핸드폰 회사에 들어갔다. 모든 사람들의 비웃음 속에서도 꿋꿋하게 외인부대를 이끌어 결국, 전 일본을 'i모드 열풍' 속으로 몰아넣었다. 그녀는 사장도 아니고 IT전문가도 아니다.

　일본 드라마나 일본 영화를 자주 보는 이들은 잘 알겠지만, 일본은 우리나라와 핸드폰 문자메시지 시스템이 다르다. 이메일은 인터넷, 핸드폰은 문자메시지라고 생각하는 우리와 달리, 일본은 이메일과 핸드폰 문자메시지가 연동되어 있다. 핸드폰과 인터넷을 최초로 연동시킨 이 서비스의 이름이 'i모드'. NTT도코모에서 만든 이 획기적인 콘텐츠는 『i모드 사건』(마쓰나가 마리 | 이상욱 | 김영사)을 쓴 마쓰나가 마리 여사의 작품이다.

　리쿠르트에서 성공적인 잡지 몇 권을 만들어내며 탄탄대로를 달리고 있던 편집장 마쓰나가 마리는 평소 알고 지내던 인쇄소 사장의 소개로 NTT도코모가 추진하던 무선인터넷 프로젝트에 동참하게 된다. NTT도코모는 우리나라로 치면 SK텔레콤 정도의 대기업으로 기업 문화 자체가 경직되어 있고 권위적인 공무원 스타일인데, 여기에 어울리지 않는 외부 인사들이 영입되어 들어오고, 그렇게 만들어진 팀은 회사 내 외인부대 취급을 받는다.

　마쓰나가 마리는 '마담 마리 카페'라는 것을 꾸미며 차를 대접하고, 자유로운 분위기 속에서 브레인스토밍을 하며 아이디어를 모은다. 네티즌들만 대상으로 하지 않고 인터넷에 관심 없는 일반인들의 의견을 소중히 들어 각종 콘텐츠 제공 회사를 모으고서 서비스의 이름을 'i모드'라고 짓는다. 발매를 앞두고 기자회견을 열지만, 결과는 참담했다.

　다시 모델을 섭외해 부랴부랴 CF 발표회 겸 기자회견을 열고, 판매 첫날 새벽까지 버그를 잡느라 고생한다. 초창기 반응은 시원찮았지만, 결국 i모드는 일본 핸드폰 업계를 강타한다.

IT와 핸드폰 쪽은 문외한이라 은근히 걱정하며 읽었던 책인데, 나처럼 인문계 성향 여성이 남성적이고 이공계 성향인 회사에 들어가 문화를 바꾸고 사람들을 설득하고 프로젝트를 이끄는 내용이라 흥미진진했다. 글도 쉽고, 설명도 자상할 뿐만 아니라 무엇보다 사람을 네트워킹하는 게 소중한 능력이라는 사실을 알려준다.

기업 성공기는 우리 시대의 위인전이 아닌가 싶다. 나라를 지키는 장군도 절개를 지키는 여인도 의미 없어진 시대, 대통령보다 재벌기업 총수가 더 각광받는 시대에 고난과 역경을 딛고 성공한 기업의 이야기는 결국 땀과 노력을 쏟은 사람들의 드라마이기에 감동을 준다. 어린이들만 위인전을 읽어야 한다는 법은 없다. 매너리즘에 빠져 있을 때, 회사에 내 영혼까지 잡아먹히는 건 아닐까 싶을 때, 이런 이야기를 읽음으로써 현대 사회에서 기업의 역할을 다시 생각하고, 일을 통해 사회에 공헌한다'는 게 어떤 의미인지 되돌아보는 건 어떨까?

아이들이 "슈바이처 전기를 읽고 의사가 되기로 결심했어요."하는 것처럼, 훗날 기업가로 성공한 당신이 "유한킴벌리 이야기를 읽고, 내가 원하는 직장을 세워야겠다고 결심했어요."하고 인터뷰하게 될지 누가 아는가?

chapter 04

일이 따분해 질 때
• 다양한 직업의 세계 •

소리의 황홀 | 목수 김씨의 나무 작업실 | 천년 궁궐을 짓는다
스타일 | 루나파크 | 런던 미술 수업

나는 배우들이 부럽다. 그들은 연기를 통해 수십 가지 인생을 살아 본다. 그것도 돈을 벌면서. 한번 태어나 사는 인생인데 꼭 한 가지 길로 가야 하나? 이것도 해보고 싶고, 저것도 해보고 싶은데……. 하지만 사람의 재능이란 팔십 평생에 팔십 가지 일을 할 만큼 뛰어 나지 않다.

그런 의미에서 보면 카피라이터도 그럭저럭 괜찮은 직업이다. 광 고주에 따라 회사와 상품에 대해 많은 공부를 해야 하기 때문이다. 광고를 한번 만들고 나면 그 상품의 시장 상황, 역사는 물론 회사의

창업부터 시련기를 거쳐 지금이 있기까지를 대략적으로 알게 된다. 덕분에 쇼핑몰에서 그 회사의 제품을 보거나, 뉴스를 통해 그 회사의 기사를 볼 때 마치 내가 다녔던 회사처럼 마음이 쓰인다. 하나의 직업으로 여러 회사의 일을 하게 되니, 그것도 꽤 다양한 경험이 되는 셈이다. 그런데 연기나 광고 제작보다 훨씬 더 간단한 방법으로 다양한 직업을 경험하는 방법이 있다. 바로 독서다!

● ● ●

넓고 깊은 오디오의 세계

내게 그런 책읽기의 즐거움을 알려준 『소리의 황홀』(윤광준 | 효형출판). 소설가 김영하의 칼럼을 통해 이 책을 알게 되었다. 인문서나 문학서에 비해 실용서를 홀대하는 우리나라 책 시장을 애석해하며, 실용서의 명저들이 쏟아져 나오는 세상에서 살고 싶다고 했던 그 칼럼에는 『소리의 황홀』이 멋진 실용서의 예로 나와 있었다.

1980년대부터 오디오에 미쳐 평생을 오디오 업그레이드와 음악 듣는 것에 바친 한 남자의 편력기를 읽으면서 나는 '취미도 평생의 업(業)이라고 부를 수 있구나' 하고 느꼈다. 게다가 이 남자, 사진 찍어 밥벌이를 했으니 애정을 가지고 직접 찍은 오디오 사진들만 보고 있어도 황홀하다. 물욕 없는 내가 봐도 그것들을 내 것 삼고 싶다는 감정이 해일처럼 밀려들었다. 마크 레빈슨, 매킨토시, 아발론, 탄노이, 린, 골드문트…… 그 간결하거나 클래식한 디자인은 말할 것도 없고, 책을 읽는 내내 진공관을 통해 오는 미세한 떨림과 심장을 쿵쿵 울리는 웅장한 저음이 내 귀를 파고든다. 누가 책을 평면적인 매체라고 했던가? 이거야말로 오감만족이다. 기계에 광적으로 집착하는 남자들의 심리를 알게 된 것도, 오디오의 대략적인 구조를 알게 된 것도 수확이다.

결국 나는 이 책을 읽고, 오디오를 장만하고 말았다. 물론 여기 나오는 것들과는 비교도 할 수 없는, 내 주머니 사정에 딱 맞는 값싼 오디오지만, 국산 브랜드 중에는 가장 믿을만하다고 이 책에 언급된 회사의 것으로 구입했다.

그렇게 장만한 오디오로 8년째 음악을 듣고 있다. 꽤 비싼 값의 A/S를 두 번이나 받고, 아직도 CD판이 헛돌아가는 중증을 앓고 있는데도 이 오디오를 버리지 못하는 이유는, 바로 그런 사연이 있어서이다.

● ● ●

나무 깎는 사람들

『소리의 황홀』을 계기로 이런 책, 즉, 자신의 일을 소재로 한 실용서들을 찾아 나섰다. 때마침 전시기획자, 미술평론가 등의 생업을 관두고 마흔 나이에 목수로 전향한 김진송 씨의 『목수일기』가 반향을 얻고 있기에, 덥석 집어 들었다. 이 책은 현재 『목수 김씨의 나무 작업실』(김진송 | 시골생활)이라는 제목으로 다시 나와 있다.

『소리의 황홀』이 황홀한 오디오 사진과 귓가를 간지럽히는 음악 소리로 나의 감각을 일깨웠다면 『목수 김씨의 나무 작업실』은 물오른 나이테를 켜는 감촉이 그대로 전해져오는 책이다.

　나는 가끔 식물도감을 본다. 나무들마다의 다른 물성을 알고 싶은데, 애석하게도 식물도감에는 이파리를 단 푸른 나무들만 있지 베어낸 나무의 성질에 관해서는 자세히 나와 있지 않다. 그런데 식물도감에도 없는 나무의 성질 구분법이 이 책에 나와 있다. 어떤 나무는 물러서 깎기가 쉽고, 어떤 나무는 무거워 옮기기가 힘들고, 어떤 나무는 쉽게 뒤틀어지기 때문에 잘 말린 다음 깎아야 한다는, 경험에서 나온 지식들이다. 이렇게 깎아 만든 어여쁜 나무인형과 의자 등의 작품 사진도 실려 있다. 책을 읽고 나서는 함지박이라도 하나 깎아야지 안 되겠다는 생각이 든다.

　나는 오랜 기간 전문직에 종사한 이들이 내는 책을 참 좋아하는데, 이런 작가들의 단점이라면 생업에 종사하다 모처럼 내는 책이라 후속타가 없거나, 있어도 오랜 세월이 걸린다는 점이다. 그렇다고 이런 분들이 자주 책을 내는 것이 좋으냐 하면 그것도 아니다. 아무래도 첫 책보다 성의가 없고, 계속 중복된 이야기만 나오기 때문이다.

　김진송씨는 『목수 일기』와 『나무로 만든 책벌레 이야기』라는 두 권의 책을 띄엄띄엄 냈는데, 『목수 김씨의 나무 작업실』은 『목수 일기』의 글과 『나무로 만든 책벌레 이야기』의 사진이 실려 있는 개정판이다. 새로 만든 작품들이 추가되었고, 작업실을 만든 이야기와 '목수생각' 이라는 에세이도 함께 실려 있어 다시 읽어도 아깝지 않은 책이다. 책이 조금만 잘 팔리면 제목과 표지만 살짝 바꿔 새 책

인 양 펴내는 개정판들이 많은데, 이 정도는 되어야 개정판이라고
할 수 있지 않을까 싶다.

● ● ●

천년을 짓는 장인 정신

목수 이야기를 읽은 김에 좀 더 깊이 있게 그 세계를 보고 싶었다.
그렇게 해서 찾아낸 책이 '궁궐 도편수 신응수의 삶과 고건축 이야
기'라는 부제가 붙어 있는 『천년 궁궐을 짓는다』(신응수 | 김영사)이다.

내가 도편수에 관심을 갖게 된 건 오래 전 홍례문 낙성식 때 봤던
기사 하나 때문이었다. 서울시장을 비롯하여 정·관계 인사들은 낙
성식에 참가하여 전부 한 자리씩 차지하고 앉아 있는데, 정작 몇 년
간 그 문을 복원한 목수들은, 심지어 도편수에게조차 자리를 마련
해주지 않아 결국 낙성식 내내 씁쓸한 마음을 달래려 술을 마셨다
는 기사였다. 기사를 보면서 우리나라의 후진성에 혀를 찼다.

바로 그 기사의 주인공이 이 책의 저자 신응수 대목장이다. 도편수
란 궁궐 등의 토목 공사의 총괄책임자를 일컫는 말로, 일제시대에
썼던 말이므로 '대목장'이라는 우리말을 쓰는 것이 바람직하다고 한
다. 신응수 씨는 주요무형문화재 74호 대목장 기능 보유자이다.

이 책은 저자가 열일곱 살에 서울로 올라와 이광규, 조원재 등의
스승을 만나 대목장이 되기까지의 일대기를 쓴 1부와 숭례문, 안압
지, 경복궁 등 자신이 참여했던 굵직굵직한 궁궐 및 한옥 공사에 대
한 이야기를 쓴 2부, 목수에게 가장 중요한 소나무 이야기를 쓴 3

부, 그리고 에필로그로 구성되어 있다.

책을 읽다 보면 우리나라의 건축 도면 그리는 사람들에게 분통이 터진다. 거의 모든 국보급 공사에서 도면을 제대로 그린 사람이 없다. 목수인 저자는 실측하지 않고 대충대충 그린 도면을 보고 거기 맞춰 나무를 잘라놨다가 실제 공사를 하면서야 비로소 잘라 놓은 나무의 길이가 맞지 않아 도면이 잘못된 걸 알게 되고, 나무를 자르는 일부터 모두 다시 해야 했다. 이 부분에서 분통을 터뜨리면서도, 슬그머니 나를 돌아보게 되었다. 직장에서 가장 많이 하는 말이 "대충해요."와 "얼른얼른."이었으니 말이다.

벌목하면서 언제나 마음이 안 좋았던 저자는 따로 임야를 마련해 몇 십 년 후, 몇 백 년 후 큰 공사에 쓰기를 바라는 마음으로 소나무를 키우고 있다고 한다. 이쯤 되니 무릎을 꿇을 수밖에 없다. 앞으로 수십 년, 수백 년, 자신이 죽고 난 뒤까지 생각하며 나무를 키우는 마음이라니……. '장인'이라는 말은 아무에게나 붙일 수 있는 말이 아니었다.

나는 이런 책을 감히 어른들의 위인전이라 부르고 싶다. 낙성식에서 목수들의 자리조차 마련하지 않는 척박한 현실에서도 수백 년 후를 내다보며 나무를 심을 수 있는 마음, 이런 사람을 위인이라 부르지 않는다면 대체 누가 위인일까?

이런 책을 만날 때면, 평생에 걸친 노고와 경험을 1만 원짜리 한 장 달랑 내고 가져가도 되는 건지, 언제나 미안한 마음이 든다.

잡지 기자와 카피라이터의 팍팍한 속내

직장인 2년차쯤의 어느 밤, 친구와 전화 통화를 했다. 그 친구는 패션디자인을 전공한 뒤 파티복 만드는 회사에 들어갔고, 나는 국문학을 전공한 뒤 연예잡지의 취재기자로 일하고 있었다.

"디스플레이 하는 중이라구? 정말 재밌겠다. 멋지다."

내 말에 그 친구는 "너 디스플레이가 뭔지 알아? 마네킹 옷 입히는 백화점 디스플레이 같은 건 드라마에나 나오는 거야. 버려진 사과상자 잘라다가 페인트칠해서 말리고, 양말 이쁘게 개어서 서랍 정리하느라 밤 꼴딱 새. 부럽긴 뭐가 부러워? 나는 네가 부럽다. 맨날 연예인들 만나고. 얼마나 좋으냐?"고 한다.

나는 "그 연예인 만나려면 새벽 2시까지 버텨야 되는 거 알아? 콧대 세서 우리 잡지 같은 건 인터뷰도 안 해주려고 해. 지들 화보 찍는데 꼽사리 껴서 틈날 때 겨우겨우 사진 찍고, 그나마 인터뷰는 5분도 못해. 그 5분으로 여섯 페이지 채워봤어? 인터뷰가 아니라 소설을 쓴다. 소설을 써."라고 답했다.

결국 우리 둘은 어떤 직업도 드라마에 나오는 것처럼 화려하지 않으며, 현실은 죄다 냄새 나는 빨랫감 같다는 결론을 내리고 전화를 끊었다.

그때 이 소설, 『스타일』(백영옥 | 예담)이 나왔더라면 나는 친구에게 내 직장생활에 대해 보다 현실적으로 알려줄 수 있었을 것이다. 이 소설은 『악마는 프라다를 입는다』의 한국판이라며 입소문이 요란

했는데, 그도 그럴 것이 작가의 전 직장이 내노라하는 패션지였기 때문이다.

읽는 동안 그 현장감에 혀를 내둘렀다. 패션매거진의 발끝도 못 따라가는 연예매거진이었지만, 거기서 일하던 1년 동안 그 판에 돌아다녔던 온갖 소문들과 그 판이 돌아가던 이상한 방식들이 이 책을 읽으면서 하나하나 기억났다.

단지 후배 여기자에게 잘해줬다는 이유만으로 다른 여기자들의 등쌀에 못 이겨 사표 썼던 남자 기자며, 밤새 스튜디오 바닥에 스티로폼 깔고 자다 일어나 인터뷰하러 갈 때 향수 뜸질을 해대던 선배며, 수석기자의 농간으로 쫓겨났던 편집장까지 모든 것이 새록새록 기억났다. 심지어 몇 년 동안 잊어버리고 있었던 편집장의 버버리 향수 냄새까지 기억날 정도였다.

소설 속에서 주인공 이서정은 톱스타의 화보 하나 찍는데도 악전고투를 한다. 스타일리스트의 깁스, 패션 컨셉에 대한 톱스타의 거부, 홍보담당자의 교통사고 등등 별별 악재와 돌발 상황을 이겨내면 겨우 다음 달 화보 8페이지가 완성되는 것이다. 대하드라마 찍는 것도 아니고, 잡지 몇 페이지 만드는데 이럴까 싶지만, 실제로 이렇다. 어디 잡지뿐일까? 세상 어떤 일도 마찬가지 아닐까?

잡지는 페이지가 많기나 하지, 광고 카피(문구)는 어떤가? 시간으로 재면 15초, 글자 수로 세어 봐도 100자가 안 되는 짧은 글을 짜내느라 머리카락 빠지는 게 카피라이터들이다. 『가슴이 따뜻한 사람과 만나고 싶다』라는 책을 읽고 카피라이터라는 직업을 동경하게 된 나는, 실제로 카피라이터가 된 다음에야 그것이 환상이라는 걸 알게 됐다.

'생각대로 하면 되고', '여러분, 부자 되세요' 같이 잘 알려진 TV 광고를 만드는 사람은 전체 카피라이터의 한 줌도 안 된다. 대다수의 카피라이터들이 사장 취임사, 연말 연하장부터 아파트 당첨자 명단, 갈비 싸는 보자기의 인사문구까지, 글자로 된 일이라면 닥치는 대로 하고 있다.

그런 점에서 『루나 파크』(홍인혜 | 애니북스)는 내가 읽은 책 중 가장 현실적인 카피라이터의 이야기다. 물론 이 작가도 꽤 크고 잘 나가는 광고대행사에 다니고 있다. 하지만, 그녀의 카툰에는 잘 나가는 대행사 카피라이터의 자만심보다는 월급 받으며 야근하는 월급쟁이의 비애가 더 진하게 배어 있다.

광고 만드는 사람이라 그런지, 사소한 농담 하나도 재치 만점이다. 안마 의자에 앉아서 '관절들이 환희의 삼바를 추는구나!' 환호하고, '집에 오자마자 6분 끓인 라면처럼 퍼진다'고 고백한다. 하루 종일 늘어지게 자고 소화불량과 부종이 어울린 몸으로 새벽까지 인터넷 서핑하다 월요일에 퀭한 눈으로 출근한다는 부분에서는 혹시 내 이야기인가 하다가, 신입 시절에는 질색하던 회식 메일을 요즘은 은근히 기다린다는 부분에 와서는 "아아…나와 취향까지 똑같아!"하는 지경에 이르렀다.

● ● ●

큐레이터와 갤러리스트, 그들의 세계

나는 가끔 내가 가지 않은 길에 대해 상상하는 버릇이 있다. 글을 쓰지 않았다면 아마 미술판 언저리에서 서성대고 있었을 것 같다. 특히 그림을 그리지 않아도 되는 큐레이터나 갤러리스트는 천재적인 재능 대신 천재를 알아보는 눈만 가지면 된다고 생각했기에 선망의 대상이었다. 하지만 실제로 미술판에서는 그림 실력이나 해석력보다 학력이 훨씬 중요하고, 그들만의 인맥에 발을 들여놓지 못하면 선택받지 못한다는 사실을 알게 되면서 이것 역시 현실을 몰랐던 핑크빛 꿈이구나 싶었다.

하지만 어느 분야든 자신의 꿈을 포기하지 않고 노력으로 현실을 헤쳐 나가 꿈을 이루는 사람들이 있다. 그런 사람들을 보면 현실 탓, 환경 탓하며 도전해 보지도 않고 지레 포기하는 내 태도가 이솝우화의 신 포도를 바라보는 여우 같아서 부끄러워진다.

『런던 미술 수업』(최선희 | 아트북스)의 작가 최선희 씨가 그런 사람이다. 이분은 항공사에서 일하다가 프랑스 남자와 만나 결혼하고, 남편 따라 영국에 가서 미술공부를 하고 갤러리스트가 되었다.

그녀는 원래 미술을 전공했던 것도 아니고, 인맥이 있었던 것도 아니고, 결혼까지 한 뒤에 새로 시작했다. 자신이 외국 생활을 하게 된 계기, 미술을 공부하게 된 계기에 대해 먼저 설명하고, 크리스티 아카데미에서 공부하고 취직을 하게 된 과정, 이제까지 해온 일들을 담담하고 흥미롭게 풀어낸다. 글이 깔끔하고 참 좋다.

그녀의 이야기를 통해 이 책 저 책 읽으며 흩어져 있던 미술에 대한 지식의 파편들이 자연스레 하나로 꿰어졌다. 만약 외국에서 미술관련 일을 하고 싶은 사람이 있다면 이 책을 교과서로 추천한다. 커리큘럼에서부터 여러 가지가 조근조근 잘 설명되어 있고, 현장감이 느껴져서 많은 도움이 될 것 같다. 뉴욕에서 공부하겠다는 분들께는 『경매장 가는 길』(박정민 | 아트북스)을 권한다.

현실에 파묻혀 지루한 하루하루를 보내는 동안에는 '열정과 꿈'이라는 단어가 신기루처럼 들리기도 하지만, 변화와 새로운 시작을 원할 때 가장 큰 도움을 주는 것 역시 꿈과 열정이다.

자신의 일을 지금 마지못해 하고 있다면 그 일을 시작했을 때의 첫 마음을 돌이켜 보자. '열정과 꿈'이란 신기루가 아니라 현실을 움직이는 원동력이라는 사실을 알게 된다. 현실이 따분할 때, 각각의 일자리에서 고군분투하고 있는 사람들의 열정과, 꿈을 이루겠다는 목표 하나로 성공한 사람들의 이야기는 무기력한 일상을 떨치고 일어날 수 있게 힘을 줄 것이다.

chapter 05

돈이 뭐길래?

• 쉬운 경제학 •

화차 | 88만원 세대

경제학 콘서트 | 시골의사의 부자경제학

사실 나는 돈에 대해서 별로 할 얘기가 없는 사람이다. 이 나이 되도록 운전면허도 없고, 내 명의의 집을 장만한 것도 아니고, 펀드나 주식에도 도통 관심이 없어 종자돈을 만들어 놓지도 못했다. 매달 통장 잔고를 걱정하며, 매일 가계부를 쓴다.

　하지만 하나 떳떳하게 말할 수 있는 것은, 학교 졸업 후 지금까지 내 밥벌이는 내 스스로 해왔고 빚이 없다는 사실이다. 사업하던 아버지가 두 번이나 부도를 맞아, 사람 사이의 관계란 돈에 의해 얼마든지 허물어질 수 있다는 사실을 봐 왔고, 이다음에 내가 경제권을 가지게 되면 절대 남에게 빚지지 않겠다는 결심을 뼛속 깊이 새겨왔다. 빚이 사람을 가난하게 만들어 나쁜 것이 아니다. 빚은 인간관계를 파탄으로 몰고 간다. 아무리 나와 친했던 친구라도 빚을 지는 그 순간부터 예전의 관계로 돌아가기 힘들어진다.

● ● ●

신용카드의 덫에서 빠져 나오라

요즘은 사람과 사람 사이의 빚보다, 카드회사에 빚을 지는 사람들이 많다. 그건 좀 나을까?

내가 처음 회사에 들어갔을 때, 연수 기간 내내 총무부장님이 누누이 당부했던 말씀은 카드빚을 지지 말라는 것이었다. 연체가 계속되거나 돌려막기가 한계에 이르면 월급은 차압 들어가고, 신용불량자 딱지가 붙어 다른 회사로의 이직은 꿈도 못 꾸게 된다고 말이다.

우리에게 카드빚이 사회문제로 떠오른 것은 IMF를 전후해서였다. 자고 일어나면 카드빚 때문에 투신하거나 목맸다는 사람들 기사가 지겹게도 올라왔다. 일본은 우리보다 조금 더 빨리 사회문제가 된 것 같다. 카드빚 문제를 정면에서 다룬 소설 『화차』(미야베 미유키 | 박영난 | 시아출판사)가 나온 게 1992년이니까.

이 소설은 일본 미스터리 문학의 대모 미야베 미유키가 썼다. 그녀의 소설은 긴장감 넘치는 전개로 재미를 줄 뿐만 아니라, 다 읽고 나면 가슴 한쪽이 묵직해지는 주제의식이 돋보인다.

이 소설은 결혼을 약속한 여자가 어느 날 갑자기 증발하면서 시작된다. 신용카드를 만들려다 개인파산자라는 사실이 밝혀지자 야반도주한 여자. 그 여자를 뒤쫓으며 그녀의 이름도 인적사항도 모두 가짜라는 사실을 알게 되는 형사를 통해 신용카드를 잘못 사용하면 어떤 비극이 초래될 수 있는지 적나라하게 보여준다.

이 책에서 가장 인상 깊었던 것은 교통사고가 났을 때 죽은 사람을 비난할 수 없는 것처럼, 개인파산을 했을 때 신용카드 쓴 사람만 비난해서는 안 된다는 변호사의 말이었다. 내 주변에도 신용불량자와 개인파산자가 있다. 그들에게 왜 그렇게 됐냐고, 이미 지나간 과거의 일에 책임을 묻는 건 아무런 도움이 안 된다. 본인들은 옆에서 한마디씩 던지는 사람보다 100배는 더 고민하고, 후회했을 것이다. 중요한 것은 몸부림칠수록 빠져드는 그 늪에서 나오는 일이다.

사람들은 '신용불량'이나 '파산'이라는 말에 대해 공포심을 가지고 있어서 어떻게든 자신의 힘으로 해결하려고 한다. 그런 사람들에게 이 책은 '신용불량'이라는 말에 근거 없는 공포심을 가지지 말 것이며, 회생하기 위한 방법도 있고, 도움을 주는 기관도 많으니, 혼자 끙끙대지 말고 주변의 도움을 구하라고 충고한다. 카드빚에 관한 많은 책들이 이구동성으로 제시하는 해법도 이 책과 마찬가지다. 갓 사회생활을 시작해서, 신용카드의 달콤함에 빠진 분들에게도, 신용카드 빚이 수위를 넘어서고 있는 분들에게도 이 책을 권한다.

비정규직 20대들에게 고한다

"신용카드는커녕 빨리 직장이나 잡았으면 좋겠어요." 하는 분들에게는 『88만원 세대』 (우석훈, 박권일 | 레디앙)를 권한다. 읽는 동안 심각해져서 골몰하다 문득 '그런데 이걸 내가 읽어서 어떡하나? 20대들이 읽어야 할 텐데' 하는 생각이 들었던 책이다.

386 이후 잠잠했던 세대론은 촛불집회 덕분에 다시 고개를 들었다. 이명박 대통령의 당선이 보수적인 20대들의 탓인 양 이야기되고, 촛불집회 참여도가 10대보다 떨어진다며 또 한번 십자포화를 맞은 20대들. 급기야 10대의 부모들이 386세대라 똑똑하고, 20대의 부모들은 그렇지 못해서 이렇다는 소리까지 나왔다. 참다못한 20대들이 기성세대를 반격할 때 『88만원 세대』를 이야기했고, 30~40대들이 20대를 공격할 때도 이 책의 논리를 빌렸다. 이 책은 이미 고전이 되어버린 듯하다.

나는 이 책의 주장에 100% 동조하지는 않지만, 요즘 우리 사회가 세대 내 전쟁이 아닌 세대 간 전쟁을 하고 있다는 주장에는 고개를 끄덕인다.

KTX 여승무원들의 파업이 40~50대 기득권층과 20대 비정규직의 싸움이라니! 한 번도 그렇게 생각해보지 못했던 나는 이 책을 읽고 충격을 받았다. 연봉 수천을 받는 안정적인 직업을 가진 30대도 아니면서, 나는 괜히 20대들에게 미안해졌다.

패밀리 레스토랑이 한가한 시간에 알바들을 PC방으로 쫓아내고 시급을 계산하지 않는다는, 이른바 '꺾기'라는 것도 이 책을 통해 알게 됐다. 그런 말도 안 되는 짓을 시키는 인간도 40~50대 일 테고, 직접 알바생들에게 지시하는 인간은 나 같은 30대들이겠지, 생각하면 미안하다.

하지만, 그것이 불공정하다고 따지지 못하는 그들의 탓도 있다고 애써 자위한다. 그러기에 더욱 20대들이 이 책을 읽어야 한다. 이런 책을 답답하고 복잡하다고 외면하다가는 비정규직 신세를 면하지 못한다. 우리가 책을 읽는 이유는 알고 바꾸기 위해서다.

이 책과 함께 읽을 책으로 소설 두 권을 추천한다. 우리나라 소설 『퀴즈쇼』(김영하 | 문학동네)와 이탈리아 소설 『천유로 세대』(안토니오 인코르바이아, 알렉산드로 리마싸 | 김효진 | 예담)이다.

『퀴즈쇼』는 '88만원 세대'를 위로하기 위해 30~40대 선배 작가가 쓴 소설이고, 『천유로 세대』는 '88만원 세대'라는 말을 만들어준 원조이자 88만원 세대 당사자들이 썼다는 차이점이 있다. 어느 책이든 현재 자신의 처지를 돌아보게 하고, 가슴 따뜻한 위로를 건넬 것이다. 『88만원 세대』에 의하면, 지금 필요한 것은 위로가 아니라 짱돌이지만 말이다.

● ● ●

서로 다른 눈으로 세상을 보는 경제학

스타벅스의 성공으로 돈을 버는 사람은 스타벅스 회장 하워드 슐츠일까? 아니면 스타벅스 건물이 들어선 땅주인일까?

『경제학 콘서트』(팀 하포드 | 김명철 | 웅진지식하우스)는 햄버거 체인 맥도널드가 정작 햄버거 대신 부동산으로 돈을 번다는 사실을 알려준다. 즉, 맥도널드 체인점이 들어선 곳의 땅값이 올라가기 때문에 회사에 이익이 남는다는 것이다.

경제학자의 설명으로 보는 세상은 신기한 것 투성이다. '공정무역'이나 '유기농'이 이익을 더 높이기 위한 고상한 수단이라는 것, 시럽이나 생크림을 짜 넣고 가격을 2배 가까이 받는 것은 소비자의 급수를 나누어 이익을 극대화하기 위한 행위라는 것, 저렴한 슈퍼마켓이 있는 게 아니라 각 상품에 대한 저렴한 가격대가 있을 뿐이라는 것, 완벽한 독재가 불가능하기에 광범위하게 부정부패를 허용한다는 것 등등 나에게는 충격적인 내용들이었다. 원제처럼 경제의 이면(undercover)을 보여준다.

하지만 불행히도 이 책의 뒷부분은 불편했다. '다 함께 잘 사는 법'이라는 챕터에서 저자는 각자 특기를 살려 생산하고 서로 교환하는 게 당연하므로 무역장벽을 허물고 전 세계를 하나의 경제권으로 만들자고 주장한다.

미국에 복무하는 경제학자다운 시각이다. 미국이라면 땅덩어리가 넓어서 수출비용이나 내수비용이 비슷하겠지만, 우리나라처럼 작은 국토에서는 씨도 먹히지 않을 소리다. 중국이 자본주의화 되는 것에 대해서도 찬양 일색인데, 요즘 중국경제가 위태로운 걸 보면 저자가 무슨 말을 할지 궁금하다. 결국, '내가 이래서 경제학 책을 안 좋아하는 거야'라며 찝찝한 기분으로 책을 덮었다.

그러나 세상에는 많은 경제 관련서가 있고, 그중에서는 올바른 시각을 가르쳐주는 책도 있다. 처세서나 재테크 책을 멀리하는 내 성향을 잘 알고 있는 분이 추천해 준『시골의사의 부자경제학』(박경철 | 리더스북)이 바로 그런 책이다.

저자 박경철 씨는『시골의사의 아름다운 동행』으로 잘 알려진 분이다. 병원에서 만난 감동적인 환자들의 이야기를 써서 사람을 울리고(실제로 나는 이 분 블로그를 보다가 눈이 퉁퉁 붓도록 울었던 적이 한두 번이 아니다), 증시 전망에 대해 이야기를 하고, 그림에도 조예가 깊어 그림 위주의 미술사도 연재하고 있다. 사람이 얼마나 재주가 많으면 이 모든 분야를, 그것도 수박 겉핥기식이 아니라 전문가적인 식견으로 아우를 수 있는지 감탄스럽다.

『시골 의사의 부자경제학』은 재테크에 관한 책이 아니다. 저자는 단도직입적으로 말한다. 재테크는 돈을 벌고자 하는 사람이 아니라 돈을 더 이상 가질 필요 없는 사람이 자기 재산을 지키기 위해 필요한 수단이라고. 그러니 아직 부자가 아니고, 돈을 더 벌고 싶은 사람들은 재테크를 공부하거나 재테크를 할 시간에 자신에게 투자를 하고 자신의 능력을 키우는 것이 훨씬 더 도움이 될 것이라고!

그럼에도 부자는 왜 더 부자가 되고, 가난한 사람은 왜 더 가난해지는지, 자본주의가 어떤 방식으로 굴러가는지 알기 쉽게 설명해준다. 그의 날카로운 조언을 하나 들어보자.

대개 투자에 실패하는 가장 큰 이유는 자기도취, 즉 나르시시즘 때문이다. 길거리에 널린 수많은 식당과 술집을 보라. 당신이 보기에는 정말 턱없는 위치에 자리 잡은 수많은 가게들도 결국 그곳에 문을 연 사람들의 눈에는 목 좋은 곳으로 보였을 것이다. 세상에 어떤 바보가 장사를 하면 망할 자리라고 여기면서 개업하겠는가? 돈이 모자라서 좋은 자리를 얻을 수 없다면 가게를 열기보다 차라리 다른 일을 하는 것이 옳다. 그러나 사람들은 불리한 상황에서도 억지로 희망을 만들어낸다. 열심히 일한다면, 가게 홍보를 잘한다면, 고객에게 최선을 다한다면, 나만한 솜씨라면… 이런 수많은 핑계들이 결국 당신을 실패로 이끈다.

이런 글을 읽고도 모자라는 돈으로 목 나쁜 곳에 가게를 열겠는가?

재테크라는 것은 인간이 만들어낸 수단 중에서 가장 어렵고 가장 까다롭고 예민한 제도라는 점을 기억하라. 재테크란 좀 과장하여 생각하면 인간이 자신의 역량을 총동원하여 벌어들인 자산을 두고 서로 쟁취하기 위해 싸우는 마지막 전쟁터. 1차 전선인 노동에 의한 부가가치 창출에도 실패한 사람이 그것을 다투는 2차 전쟁에서 승리하기란 거의 불가능에 가까운 일이다.

그렇다. 직장에서 떨려나고, 월급으로 돈 모으는 것도 실패한 사람이 부동산과 주식으로 성공하기란 불가능에 가깝다. 이 탁월한 지적들이 건전한 철학과 사회를 보는 날카로운 시선 속에서 일관성

있게 제시된다는 점이 가장 마음에 든다.

　이 책을 읽고서 몇 푼 안 되는 내 돈을 복리예금에 넣었다. 통계적으로 지난 20년간 가장 크게 돈을 번 재테크 수단이 복리예금이라고 이 책에 나와 있기 때문이다.

chapter 06

이제는 떠나야 할 때!

● 이직과 전직을 위한 조언 ●

너 외롭구나 | 누가 내 치즈를 옮겼을까
컨셉의 연금술사 | 지도 밖으로 행군하라

언젠가 심야 라디오 방송의 고민상담 코너를 들었다. 물리학이 너
무 좋아서 편입을 심각하게 고려하고 있다고 고민하는 법대생에게
DJ 신해철은, "물리학을 잘 아는 변호사가 얼마나 멋있느냐? 왜 한
국 사람들은 뭘 좋아하면 그걸 다 직업으로 삼아야 하는지 모르겠
다. 취미도 전공자보다 훨씬 더 좋은 결과를 낼 수 있다. 다시 대학
들어가 물리학을 공부하는 것보다, 변호사로 나이 육십에 물리학자
와 친구가 되어 전문적인 대화를 나눌 수 있다면 더 좋지 않겠냐?"
는 멋진 답변을 내놓았다. 신선한 충격이었다.

우리는 왜 좋아하는 것을 직업으로 삼지 못해 안달일까? 내 주변에는 자신이 좋아하는 일을 직업으로 삼았다가 취미마저 달아나 후회하는 사람들이 종종 있다. 책을 좋아해서 인터넷서점에 취직했는데, 정작 자신은 책표지만 보고 책 읽을 시간이 없다며 푸념하는 사람, 여행을 좋아해서 TC(투어 컨덕터)가 되었는데, 맨날 손님들 뒤치다꺼리하고 사고 해결하느라 여행의 즐거움이고 뭐고 느낄 겨를이 없다는 사람, 만화가 좋아서 만화가 문하생으로 들어갔는데 지우개질과 스크린톤 따 붙이는 것으로 하루가 다 간다는 사람 등등.

● ● ●

꿈꾸기만 해서는 이루어질 수 없다

물론 자신이 좋아하는 일을 직업으로 삼는 것은 행운이지만, 그저 즐기는 것과 그것의 생산자가 되는 것은 퍽 다른 일이다. 이런 이야기를 조목조목 잘 짚어서 책으로 낸 사람이 있다. 황신혜밴드의 리더인 김형태 씨.

음악과 무관한 그림을 그리던 사람이 취미를 점점 발전시켜 밴드를 만들고, 전국에 직장인밴드 붐을 불러일으켰다. 그는 자신의 홈페이지에서 고민하는 청춘들에게 상담을 해주는데, 그 내용을 엮어낸 책이 『너, 외롭구나』(김형태 | 예담)다.

나는 책이 나오기 전에 인터넷을 떠돌던 '20대 백수에게 고함'이라는 글을 인상 깊게 읽었다. 영화를 좋아해서 영화감독이 되고 싶은데, 이것도 걸리고 저것도 걸리고, 그러니 그냥 직장에나 들어갈까 한다는 어떤 젊은이의 고민에 '그런 젊은이를 받아줄 직장은 한 곳도 없다' 며 신랄하게 비판한 글이었다.

드라마 「베토벤 바이러스」에서 강마에가 "꿈을 이루라는 소리가 아니야. 꾸기라도 해보라는 거야!" 식의 촌철살인 독설로 떴지만, 독설의 원조는 아마 김형태 씨의 글이 아닐까 싶다.

'꿈이 가장 추해질 때는 현실도피용으로 도용할 때' 라는 말, 뜨끔하지 않은가? 현실에서는 그 꿈을 위해 제대로 노력 한번 하지 않았으면서, 말로만 자신의 꿈을 이러쿵저러쿵 떠들어대는 사람에게는 과대망상이라는 진단을 내려준다.

워낙 정곡을 콕 찌르고, 듣기 싫은 소리가 많기에 이 작가의 어법을 탐탁지 않아 하는 사람도 많다. 하지만 진정한 어른이 없다고 개탄하는 소리가 높은 요즘, 욕먹을 각오로 쓴, 이렇게 진심이 담긴 글은 좀처럼 만나기 어렵다.

기본적으로 20대 젊은이들에 대한 애정이 있는 글이기에 읽는 사람의 입장에 따라 인생을 바꿔줄 교훈을 얻을 수도 있다. 꿈도 없고, 직업도 없고, 사는 게 무기력한 20대에게 권한다. 출근할 때마다 '이 길이 나의 길이 아닌 것 같아' 고민하는 사람들도 읽어볼 만하다.

● ● ●

내 치즈가 상했는지 수시로 체크하자

요즘은 직장을 구하기가 하늘의 별따기지만, 직장을 구했다고 모든 문제가 해결될까? 그럴 리가! 직장은 전쟁터다. 우리는 10년 전 혹

독한 구제금융 사태를 겪으면서 직장이 평생을 보장해주지 않는다는 사실을 뼈저리게 체감했다.

나도 힘든 IMF 시기를 보냈다. 다니던 회사가 망하고 구직 시장에 나섰는데, 날 데려가겠다는 곳이 없었다. 결국 경력이 3년이나 쌓였는데도, 첫 월급의 반토막 월급을 받고 출근하게 되었다. 초반에는 좋았다. 사장은 대졸 경력 3년차 직원을 고졸 신입직 월급에 부릴 수 있어서 좋았고, 나는 실업자 천만의 시대에 직장을 구할 수 있었으니 윈윈게임이었다.

그러나 세월이 흘러가며 불만은 차곡차곡 쌓이기 시작했다. 한계 상황까지 왔지만, 여기 나가서 다른 직장 못 구하면 어쩌나 하는 생각에 꾹꾹 참고 회사에 다녔다. 그러던 어느 날, 일방적으로 해고당했다. 그 때문에 우황청심환 먹고 노동사무소를 들락거려야 했던 비참한 상황들은 생략하기로 한다.

그때 만약 IMF가 극복되기 시작했다는 시장의 징후를 읽을 수 있었다면, 사장이 나를 내쫓기 위해 눈에 보이지 않게 차근차근 준비하고 있었다는 사실을 눈치 채기만 했더라면, 눈보라 몰아치는 1월에 장갑도 없는 맨손으로 A4 박스 들고 눈물 콧물 짜며 택시 잡는 일은 벌어지지 않았을 것이다.

그 일을 겪은 지 몇 개월 지나지 않아 『누가 내 치즈를 옮겼을까』(스펜서 존슨 | 이영진 | 진명출판사)를 읽게 되었고, 이후 다시는 그런 비참한 상황에 부닥치지 않았다. 치즈 창고 속에서 어느 날 갑자기 없어져 버린 치즈를 찾아 나서는 꼬마 생쥐 두 마리와 꼬마 인간 두 명

의 짧은 우화가 내 인생을 바꿔준 것이다.

이 책을 읽고 나서 나는 회사가 아직도 나를 원하는지, 내가 이 회사에 다니는 것이 나에게 혹은 회사에 도움이 되는지를 무의식중에 체크했고, 치즈가 변질되는 냄새가 나면 즉각 조치를 취했다. 그렇다고 해서 이직률이 높아진 것도 아니다. 오히려 반대다.

그전에는 그저 월급만 준다면 급한대로 아무데나 넙죽넙죽 들어갔다가 후회하고 나오기 일쑤였지만, 이후로는 '나와 맞는가? 오래 다닐 수 있는가?'를 따져서 들어갔고, 들어가서도 변화의 시점이 오면 업무 관련한 강좌를 수강한다든가, 동호회에서 도움을 받는다든가 하는 식으로, 회사를 옮기지 않고도 해결 가능한 방법을 모색했기 때문에 오히려 한 곳에 오래 다니게 되었다.

이 책은 엄청나게 팔렸는데, 아마 IMF가 터지기 전에 출판되었다면 그토록 성공하지 못했을 것이다. 위기 상황을 실감하지 못하고 하루하루 나태하게 직장생활을 하다가 하루아침에 뒤통수 맞은 전 국민적인 경험이 이 책의 성공을 가져왔다고 본다.

모든 변화의 순간에 겁먹지 말고 뛰쳐나가라는 메시지는 안정된 직장이 무너지고 아무것도 나를 책임지지 못하는 시대에 굉장한 설득력을 가진다.

● ● ●

전직과 이직에서 만날 수 있는 모든 경우의 수

이렇게 변화하고 열심히 꿈틀거렸지만, 이제는 정말 박차고 나가야 할 때라고 느꼈다면, 대비가 필요하다. 나의 꿈을 이루기 위해 안전한 직장을 박차고 나왔을 때, 어떤 경우를 맞닥뜨리게 될지 미리 연습해볼 수는 없을까?

『컨셉의 연금술사』(탁정언 | 국일미디어)는 컨셉추얼리스트로 유명한 카피라이터 탁정언씨가 쓴 책이다. 이 책은 '컨셉'에 관한 우화이지만, 나에게는 전직과 이직에서 만날 수 있는 모든 경우의 수를 경험할 수 있는 실전 연습서로 읽혔다. 그래서 전직과 이직을 고려하고 있는 사람들에게 꼭 읽어보라 권하고 싶다. 퇴직, 스카우트, 공동창업, 구멍가게 운영, 자발적 구직 등 전직과 이직에서 겪을 수 있는 모든 경우의 수가 다 나온다. 이론에는 강하나 실전에서 젬병인 사원, 분명히 될 타임이었는데 사소한 문제로 프로젝트 전체가 날아 가버리는 사건, 표정을 읽을 수 없어 속내를 알 수 없는 회장님과의 줄다리기 등 사회생활에서 한번쯤은 만나봤을 사람과 사건이 씨줄과 날줄로 엮여 흥미롭게 읽을 수 있다. 책 말미에는 C선생의 컨셉노트에 적혀 있는 100권의 책 리스트가 나와 있어, 더욱 폭넓은 독서를 할 수 있게 해준다.

무엇보다 이 책을 읽으면서 깨닫게 되는 가장 중요한 사실은 어떤 일에도 '컨셉'이 중요하다는 것이다. 애인에게 프러포즈를 할 때도, 물건 하나를 사더라도. 그러니 전직과 이직을 고려하고 있다면, 나가서 무엇을 할 것인가에 관한 컨셉은 분명히 정해두어야 할 것이다.

관계의 습관을 새로 짤 기회

"내가 이놈의 직장 때려치우든가 해야지, 원⋯⋯."

　직장 생활 좀 해본 사람치고 이런 말 한번 안 해본 사람 있을까? '사직서' 석 자를 또박또박 적어 넣은 봉투를 상시 휴대하고 다니는 사람 또한 그 얼마인가? 그러면서도 쉽게 직장을 때려치우지 못하는 것은 '강 건너가 똥밭'일지도 모르기 때문이다. 지금과 같은 실력, 같은 태도로 옮겨봤자, 비슷한 곳에서 비슷한 고민을 하게 될 것이 뻔하다. 현실적인 문제로 허겁지겁 첫 직장을 잡았다면, 그 다음 단계부터는 내가 하고 싶은 것을 하면서 살아보는 것이 어떨까?

　꿈같은 이야기라고 치부해버릴 것만은 아니다. '바람의 딸'로 지구를 세 바퀴 반이나 돈 한비야는 『지도 밖으로 행군하라』(한비야 | 푸른숲)를 통해 인생의 두 번째 단계로 옮겨간 이야기를 들려준다.

　오지여행가로 이름이 났지만, 그녀의 직업은 홍보전문가. 홍보로 밥벌이했던 전문성과 지구 구석구석을 누볐던 경험과 오지의 사람들에게 도움이 되고 싶다는 목적의식까지 맞아떨어져 그녀는 긴급구호활동을 두 번째 직업으로 택한다.

　그저 동정심과 사명감만 있으면 되는 줄 알았던 국제구호활동이 어떤 직업보다 전문적이라는 사실을 이 책을 통해 알게 되었다. 언제 폭탄이 날아올지 모르는 아프가니스탄부터 쓰나미가 할퀴고 가 시체가 산더미처럼 쌓인 태국의 해변까지, 그녀가 월드비전에 들어가 5년 동안 다닌 현장의 기록이 고스란히 들어 있다.

아이들이 좋아하는 나비 장난감 안에 지뢰를 설치한 '나비지뢰' 편을 읽으면서 인간이라는 종족의 잔인성에 치를 떨었고, 10대부터 무차별 살상을 해온 소년병들에게 가장 필요한 것이 "사람을 죽인 것은 네 탓이 아니다."라는 심리치료라는 사실을 알게 되었다. 이런 책을 쓰는 것도 국제구호활동을 홍보하는 한 방법이라고 한다. 나만 해도 이 책을 읽고서 월드비전에 후원금을 내기 시작했으니 말이다.

그녀는 이런 이야기를 한다.

관계의 습관이라는 것이 있다. 어떤 일 혹은 어떤 사람과 어떻게 처음을 시작하느냐에 따라 설정되는 관계의 틀 말이다. 평소 늦잠을 자던 버릇이 새 집으로 이사한 뒤 말끔히 고쳐진 것처럼. 새로운 일을 시작할 때 좋은 틀을 짜는 것이 매우 중요하다. 어디 일 뿐일까. 새로운 사람, 새로운 장소, 새로운 시간, 그 어떤 것이라도 처음 시작은 우리에게 좋은 관계의 습관을 짤 수 있는 새로운 기회를 준다. 지금 나에게 그 기회가 왔다는 걸 잊지 말자.

이렇게 살아서 뭐하나 싶을 때, 사는 게 우울하고 짜증날 때, 남들은 다 필요한 인재들인데 나만 쓸모없이 여겨질 때, 어쩌면 그때가 관계의 습관을 새로 짜야할 새로운 기회일 것이다.

그녀는 제2의 인생을 준비하게 해준 나의 롤모델이다. 열심히 직장생활을 하면서, 틈틈이 오지여행을 다녔고, 그 여행을 통해 오지 사람들을 도와주고 싶다는 마음을 키웠고, 자신의 두 번째 인생을 국제긴급구호활동에 바치고 있다.

우리는 부모님 때문에 원치 않는 전공을 선택했고, 더 나은 직장에 들어갈 실력이 없어서 지금의 직장에 들어갔고, 나이가 차서 어쩔 수 없이 조건 맞는 남자와 결혼했다며 끊임없이 변명거리를 만들어낸다. 결국 모든 선택은 내가 해놓고서 말이다.

두 번째 기회는 온다. 오지 않는다면 내가 만들면 된다. 내가 원하는 삶을 살기 위해 이제 변명은 걷어치우고, 준비를 시작해보자. 내가 선택한 삶이 내 인생에 성큼 들어올 것이다.

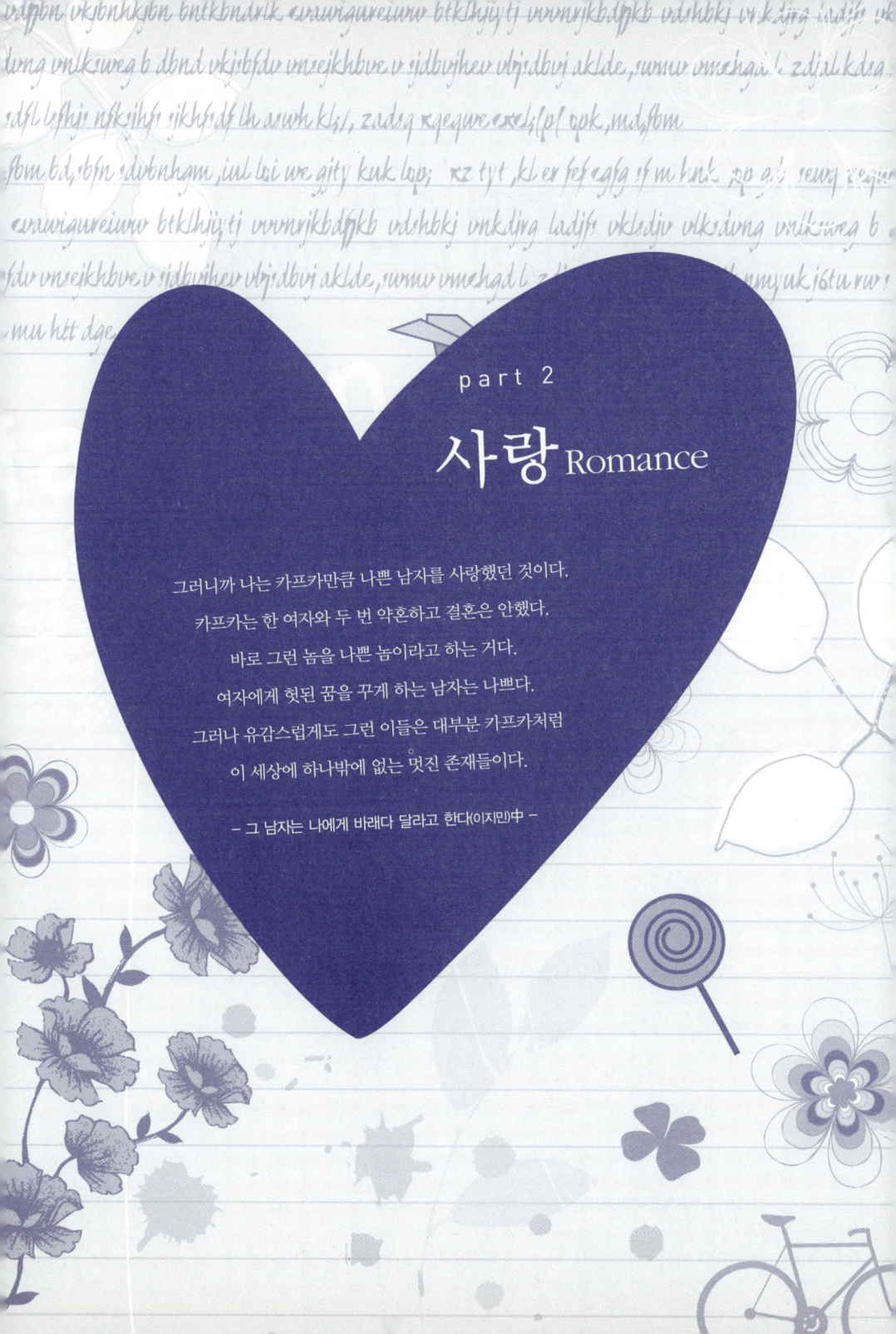

part 2

사랑 Romance

그러니까 나는 카프카만큼 나쁜 남자를 사랑했던 것이다.
카프카는 한 여자와 두 번 약혼하고 결혼은 안했다.
바로 그런 놈을 나쁜 놈이라고 하는 거다.
여자에게 헛된 꿈을 꾸게 하는 남자는 나쁘다.
그러나 유감스럽게도 그런 이들은 대부분 카프카처럼
이 세상에 하나밖에 없는 멋진 존재들이다.

- 그 남자는 나에게 바래다 달라고 한다(이지민)中 -

chapter 01

남자와 여자는
왜 이렇게 다른 걸까?

• 연애심리1 •

화성에서 온 남자 금성에서 온 여자 | 말을 듣지 않는 남자 지도를 읽지 못하는 여자
남자의 탄생 | 그 남자 그 여자 | 아주 작은 차이

"남자들은 어쩜 이렇게 하나같이 똑같니? 넌 좀 다를 거라고 기대한 내가 잘못이다."

전에 사귀던 남자와 똑같은 부분에서 똑같은 이유로 마음이 상해서 내뱉은 말에, 남자친구는 빙글빙글 웃으며 대답했다.

"여자들은 어쩜 그렇게 하나같이 다르냐? 어느 장단에 춤을 춰야할지 모르겠다."

나 참. 말문이 턱 막혔다. 사실 연애라는 게 책 읽는다고 해답이 나온다면, 모르긴 몰라도 우리나라 독서율은 끝없이 치솟았을 것

이다.

괜찮다고 하기에 바래다주지 않았더니 매너 없다 욕하고, 비싼 선물보단 마음이 중요하대서 손수 쓴 편지를 내밀었더니 입이 댓 발 나오고, 대체 여자들 비위를 어떻게 맞춰야 할지 모르겠다며 남자들은 가슴을 친다. 반면에 여자들은, 도대체 눈치라는 게 있는지, 왜 말하지 않으면 마음을 몰라주는지, 눈빛으로 통하는 건 영화나 드라마 속의 멋진 남자 주인공에게만 해당되는 얘기냐며 남자들을 답답해한다.

그래, 분명히 뭔가 있다. 남녀 사이에는.

태어날 때부터 남자와 여자는 다른 기대를 받고, 다른 옷을 입고, 다른 대접을 받으며 키워진다. 그렇게 20~30년간 완전히 다른 세계에서 살다가 만나니 목숨 걸고 사랑하는 편이 오히려 쉽지, 서로 진정으로 이해하기는 까마득하다.

● ● ●

심리적으로 다른 남과 여

이제는 고전의 반열에 올라선 『화성에서 온 남자, 금성에서 온 여자』(존 그레이 | 김경숙 | 동녘라이프)는 굳이 '연애'라는 말을 빼도 상관없을 정도로 남녀의 심리를 제대로 콕콕 짚어준 심리상담서이다.

저자는 남자와 여자를 각각 다른 행성에서 온 외계인에 비유한다. 남자가 살던 화성에서는 남의 일에 간섭하지 않고 믿어주는 게 최고의 사랑 표시인 반면, 여자가 살던 금성에서는 말하지 않아도 알아서 돌봐주고 챙겨주는 게 당연하다.

화성에서는 상대가 도움을 구할 때만 도움을 줘야 하며, 알아서 해주는 것은 간섭으로 간주한다. 그러나 금성에서는 사랑한다면 당연히 도와주며, 해결책을 찾으려고 질문하는 게 아니라 때때로 공감을 얻기 위해 질문한다.

나는 이 책을 읽고 나서, 고민을 속 시원히 털어놓지 않는 남자친구에게 서운하다며 퉁퉁거리던 짓을 멈췄다. 대신 남자친구가 어느 날 말수가 적어지면 넌지시 물어본다.

"동굴 속에 들어갔어?"

남자친구가 고개를 끄덕이면 그걸로 충분하다. 괜히 위로한답시고 건드리지 않는다. 며칠 뒤 동굴 속에서 나온 그와 다시 만날 수 있을 테니까.

직장에서 상사에게 엄청나게 깨지고 온 날, 상사의 험담을 한 보따리 늘어놓고 있는데 "그럼 이렇게 해보는 게 어때?" 하며 해결책을 제시하는 남자친구에게 "수리공 모자 벗으시지요."한마디면 충분하다. 그는 빙긋 웃으며 해결책을 집어넣는다.

우리는 이 책을 함께 읽음으로써, 불필요한 싸움을 현격히 줄일 수 있었다. 그 후, 내게 이 책은 연애 문제로 고민하는 사람이나 결혼한 지인들의 집들이 선물 1순위가 되었다. 이 책의 유일한 단점은 같은 내용을 중언부언 반복하는 건데, 시간 없는 사람들은 1장만 읽어도 상관없다.

생물학적으로 다른 남과 여

『화성에서 온 남자, 금성에서 온 여자』가 남녀의 차이를 심리적으로 풀어낸 책이라면, 생물학적으로 풀어낸 책도 있다. 『말을 듣지 않는 남자, 지도를 읽지 못하는 여자』(앨런 피즈, 바바라 피즈 | 이종인 | 가야넷).

낯선 곳에 자동차를 가지고 갈 때, 운전하는 남자는 길을 모르면서도 창문을 내리고 목적지를 물어보는 법이 없다. 조수석에 앉은 여자는 지도를 펴놓고 암호문을 보듯 한다.

"길 가는 사람한테 한 번만 물어보면 될 걸…도대체 왜 그래?"

"눈은 폼으로 달고 다녀? 지도에 다 나와 있는데, 그걸 못 읽어?"

결국 둘은 싸운다.

지독히도 남의 말을 안 듣는 남자들과 방향치인 여자들. 그들이 이렇게 다른 것은 생물학적 차이 때문이라고 한다. 하루 분량의 말을 다 해야만 잠들 수 있는 여자와 이미 일정 분량의 말을 회사에서 다 쓰고 온 남자, 공간지각능력이 뛰어난 남자와 멀티태스킹이 가능한 여자, 협조하는 여자와 경쟁하는 남자, 이 모든 차이가 DNA 탓이라는 것이다. 수만 년 동안 DNA에 새겨진, 사냥하는 남자와 아이 키우는 여자의 특성이 지금에도 나타나는 것이니 서로 특성을 이해하고 조금씩 양보하면 더 좋은 관계를 가꿔갈 수 있지 않겠느냐는 주장인데……. 내 주변에는 이런 주장의 저변에 깔린 음모론을 제기하는 친구도 있다.

"이런 책들을 펴내는 이유가 뭔지 알아? 남자와 여자는 애초부터 이렇게 다르니까, 여자들은 제발 자신을 이해해 달라 징징대지 말고 남자가 하자는 대로 고분고분 복종하라는 거 아니겠어?"

생각해보니 이런 책을 읽고 열광하는 사람들은 대체로 여자들이다. 남자들은 이런 종류의 책을 읽지 않을 뿐만 아니라 억지로 읽는다 해도 "그래서 뭐?"로 일관한다. 그러니, 연인관계에 문제가 있을 때는 남자와 꼭 함께 읽기를 권한다. 이해하고 바꾸어야 하는 것은 여자만이 아니니까.

● ● ●

한국 남자는 이렇게 키워졌다

동생을 먼저 시집보내는 맏이가 불쌍했던지, 아버지가 동생 결혼을 앞두고 몰래 점을 보러 가셨다. 팔공산의 용한 도사 왈 "맏이가 만약 일찍 결혼했다면 벌써 이혼했을 겁니다. 때 되면 알아서 가니까 걱정하지 마십시오."라고 했단다. 덕분에 나는 두 동생을 시집보낼 동안에도 아버지로부터 결혼하라는 압력을 받아본 적이 없다. 뉘신지 모르지만, 팔공산의 그분께 감사를!

연애가 풀리지 않아 점을 봤다는 여자들의 수다를 듣다 보면 재미있는 구석이 하나 있다. 나처럼 '시집 두 번 갈 팔자'인 기센 여자들에게 점쟁이는 늦게 결혼하거나 외국인과 결혼하라는 조언을 해준다. 아무래도 나이가 들면 성질머리도 수그러들고, 예의의 가면을 쓸 줄도 알게 되니까 젊은 시절보다는 갈등을 일으키고 싸우는 횟수가 줄어들기도 하겠지. 그건 그런데, 외국인과의 결혼이라?

외국 남자는 감당이 되는데, 한국 남자는 감당할 수 없다는 뜻이니, 이건 결국 한국 남자들에게 문제가 있다는 얘기?

세계적으로 한국 남자들은 인기가 없다. 같은 동아시아 안에서도 제일 처진다. 이기적이고, 권위적인데다 여자 무시하고, 집안일 안 도와주기로 유명하다. 어쩌다 이 지경이 되었을까? 그에 대해, 여자도 아닌 남자 스스로 자신의 삶을 돌아보면서 고백한 책이 있다. 이런 책은 우리 또 읽어줘야 한다.

『남자의 탄생』(전인권 | 푸른숲)을 쓴 저자 전인권은 가수 전인권이 아니다. 정치평론가, 미술평론가로 활동하는 교수님이라고 한다. 저자 자신의 다섯 살 때부터 열두 살 때까지 경험을 바탕으로 한국에서 남자가 어떻게 길러지는지를 차분히 관찰했다.

어린 시절 안방은 엄마의 공간과 아빠의 공간이 따로 나뉘어 있었다. 엄마의 공간은 따뜻하고 어수선하고 편하였지만, 아빠의 공간은 청결하고 건드리면 안 되는 곳이었다. 엄마는 아들 셋 각자가 '엄마는 나를 가장 많이 사랑해'라고 착각하게 길렀다. 이를 책에서는 '분리사랑'이라고 한다.

그런 관계로 한국 남자들은 '동굴 속 황제'가 되었으며, 자라서 나보다 못하다 생각했던 사람이 더 많은 지식이나 경험을 가지고 있으면 배 아프고 아니꼽다. 민주사회라지만 아직도 이 사회는 개개의 구성원이 계급을 정해놓고 사는 신분제 사회라는 것이다.

읽는 내내 뜨끔했다. 우리 집에는 딸만 셋이라 나도 이렇게 키워졌다. 엄마는 나를 제일 사랑한다고 믿고 컸고, 덕분에 동굴 속 황제의 기질이 다분하다. 이런 나와 이렇게 길러진 남자가 만났으니, 부딪칠 수밖에 없었을 터이다. 남자에 대해 알기 위해 펴 든 책인데, 나 스스로를 돌아보게 됐다.

이 책에 있었던 연애에 관한 말 중 마음에 쏙 들었던 한 구절.

우리 사회에는 첫날, 첫만남, 첫눈, 첫날밤, 첫사랑 등을 강조하거나 첫 경험만이 순수하다는 생각이 만연해있다. 처음을 지나치게 강조하는 것은 그것으로 사건의 전체가 완성되었다고 생각하는 동굴 속 황제의 사고방식이 아닐까? 세상의 이치를 보면 첫 경험은 시작일 뿐이다. 첫 경험만으로는 아무 것도 가질 수 없고 아무 것도 알 수 없다. 물론 막연하고 순수한 느낌은 있을 것이다. 그러나 그 느낌을 바탕으로 두번, 세번, 열번, 백번을 반복할 때 본격적인 삶과 앎이 시작된다.

● ● ●

서로 다르기에 사랑하는 남자와 여자

내가 즐겨 들었던 라디오 프로그램 「이소라의 음악도시」에서 밤 11시 즈음, '그 남자 그 여자' 라는 코너를 해줬다. 남자와 여자가 같은 일에 대해 서로의 속마음을 터놓는 상황극으로, DJ 이소라가 여자 역할을, 윤도현, 성시경 등이 남자 역할을 했다. 나는 이 코너를 들으며 성시경의 목소리를 좋아하게 되었고, 윤도현 같은 남자친구가 있었으면 싶었다.

가슴을 툭 떨어뜨리는 사랑 얘기나, 마치 내가 겪었던 것 같은 에피소드가 방송되는 날이면 그냥 듣고 흘려버리기에는 아깝다 생각했는데, 그 사연들을 모아 책으로 펴냈다는 소식에 당장 서점으로 달려가서 보게 된 『그 남자 그 여자』(이미나 | 랜덤하우스)!

그런데 낯간지러운 표지하며 팬시점의 편지지를 연상케 하는 컬러풀한 일러스트가 사춘기 소녀들을 겨냥한 것 같아 선뜻 구입하기가 망설여졌다. 그러나 책의 첫 장을 넘겨 이미나 작가가 써놓은 머리글을 읽고는 더 이상 망설임 없이 책을 집어 들었다.

한 때 나에게는 매일 편지를 보내는 남자가 있었다. 매일 우편함을 들춰보면서도 고작 5~6줄 밖에 안 되는 짧은 편지가 성의 없어 보였다. 그렇게 한 달쯤 편지를 받던 어느 날, 나는 상대방에게 성의 없어 보인다는 말을 했고, 편지는 중단되었다. 알고 보니 그는 여러 명의 여자들에게 "매일 한통씩 편지를 받는 게 좋아? 긴 편지를 한 번에 받는 게 좋아?"라고 설문조사까지 해서 매일 편지를 쓰는 쪽이 좋다는 대답을 듣고 그렇게 했던 것이다. 그 이야기를 듣고서 어찌나 미안한 마음이 들던지…….

『그 남자 그 여자』에는 바로 이런 사연들이 나온다. 어떤 행동에 대한 남자와 여자의 다른 혹은 같은 마음. 말하지 않은 그 속내들. 이 사연들 중 한두 가지 안 겪어본 사람 없을 것이다. 만나고, 헤어지고, 다른 사람을 사랑하게 되고, 짝사랑하고, 결혼하고, 싸우고, 오해하는 모든 이야기가 들어 있다. 때로 가슴 아프고, 때로 감동스럽다.

남자와 여자에 관한, 각종 심리학책에 나온 이야기들을 감성적인 옷으로 바꿔 입힌다면 바로 이미나 작가의 글이 될 것이다.

이 책을 읽고 나면 이런 의문이 머릿속을 떠나지 않는다. 남자와 여자는 서로 다르기 때문에 사랑하는 걸까? 아니면 서로 다름에도 불구하고 사랑하는 걸까?

● ● ●

성에 대한 남녀의 동상이몽

이혼 법정에서 이혼의 이유로 가장 많은 비중을 차지하는 것이 '성격 차이' 라고 한다. 혹자는 그것이 '성격 차이' 가 아니라 '성 차이' 라고 한다. 연애를 하다 보면 섹스 문제에서 남자와 여자는 확연히 다른 그림을 그리고 있고, 그 때문에 싸우고 헤어지는 경우도 많다.

성적인 차이에 대해 이야기하는 『아주 작은 차이』(알리스 슈바르처 | 김재희 | 이프)는 남자와 여자의 아주 작은 몸의 차이가 얼마나 엄청난 결과를 가져오는지 보여준다. 이 책은 무려 1950년대에 써진 책인데, 지금 봐도 어설프지 않다. 여자들의 삶은 예나 지금이나 다르지 않은가 보다.

저자는 독일 사람으로, 서독의 여성 15명을 인터뷰해서 그 내용을 바탕으로 책을 썼다. 15명의 여성들 중에는 중산층에서 곱게 살림하는 여자도 있고, 이혼 후 아이들을 부양하느라 뼈 빠지게 일하는 여자도 있고, 사회에서 찬밥 취급받는 소수자들도 있다.

같은 행동에 대해서 남자는 다투고 나서 섹스로 화해했다 하고,

여자는 싸우고 나서 강간당했다고 주장하는 일이 왜 일어나는지 이 책을 보면 알 수 있다. 성적인 문제에 대해 도움을 받을 수 있을 뿐만 아니라, 성적인 문제가 결국 남자와 여자 사이의 소통에 관한 문제라는 것을 깨닫게 해준다.

실패한 연애,
뭐가 문제일까?

• 연애심리2 •

남자들은 왜 여우 같은 여자를 좋아할까? | 내일도 나를 사랑할 건가요? | 연애잔혹사
그는 당신에게 반하지 않았다 | 끝났으니까 끝났다고 하지

TV 볼 때마다 이상하게 여겨지는 대목이 있다. 예쁜 여자들은 사랑
에 승승장구하고, 못생긴 여자는 매번 짝사랑만 하다가 끝나는 것.
그런 드라마나 광고의 영향인지 많은 여자들이 연애를 잘하기 위해
자신의 외모를 뜯어고쳐야 한다고 생각하는 것 같다.

　실제로 인생이 그럴까? 내가 봐온 바로는 전혀 그렇지 않다. 연예
인 뺨치게 예쁜 얼굴을 가지고 있는 여자가 나이 서른이 넘도록 3
개월 이상 사귀어본 남자가 없기도 하고, 아이 셋 딸린 아저씨처럼
보이는 총각이 수시로 애인을 바꾸기도 한다.

미모와 몸매는 여러 명에게 추앙을 받을 때, 이를테면 광범위한 인기를 필요로 하는 연예인들에게 필요할지도 모른다. 하지만 연애라는 건 1대 1의 관계다. 얼굴을 진열장에 넣고 매일 쳐다보기만 한다면 모를까, 밥 먹고, 얘기하고, 손도 잡고, 미래까지 설계해야 하는 연애라면 결국 껍데기가 아니라 사람이 관건이다. 요즘 유행하는 쁘띠 성형이나 레이저 시술보다 돈은 좀 덜 들겠지만, 노력은 더 필요하다.

● ● ●

도도한 여자가 먹힌다

남자가 쓴 연애상담서는 그중에서도 효과가 좋다. 『남자들은 왜 여우 같은 여자를 좋아할까?』(셰리 아곱 | 노진선 | 명진출판)는 제목에 꽂혀서 꼭 읽어야지, 찜 해두었던 책이다.

나는 스스로 곰과 여우 중 곰에 속한다고 생각했는데, 이 책을 보니 곰이 아니라 여우과였다. 그래서 책을 읽고 꽤 자신감을 얻었던 것 같다. 흐흐흐.

이 책은 좋아하는 남자의 전화를 받기 위해 다른 약속도 정하지 못하고 전화기 앞에서 기다리거나, 모든 것을 퍼주고도 버림받거나, 그 남자의 취향에 맞춰 모든 것을 변화시켰더니 남자가 훌쩍 떠나버린, '착해 빠진 여자'를 위한 책이다. 그런 여자들에게 이 책을 읽고, 여우로 거듭나라고 충고한다.

여우들은 남자의 생활보다 자신의 생활이 소중하고, 끊임없는 잔소리 대신 행동으로 보여준다. 남자가 자기를 존중해주지 않으면 자신도 남자를 똑같이 대하고, 매달리기보다는 쿨하게 떨어질 줄도 안다.

저자는 이 책을 쓰기 위해 남자들을 대상으로 많은 인터뷰를 했는데, 90%가 "나는 착한 여자보다 여우같은 여자에게 끌린다."라고 했단다. 하긴 여자들이 착한 남자보다 나쁜 남자에게 끌리는 걸 보면, 남자인들 다르겠는가 싶다.

이 책에는 실용적으로 써먹을 수 있는 조언들이 제법 나온다. 남자친구를 데리고 「철목련」이니 「애정의 조건」같은 영화는 절대 보러 가지 말 것. 남자들은 잔소리하는 순간 10대 반항아로 변하니 잔소리하지 말 것. 자꾸만 약속을 미루며 "오늘은 안 될 것 같은데……." 라고 하는 남자에게는 "그럼 내일은? 그럼 모레는?"하면서 매달리는 것보단 "그래. 그럼 이번 주 푹 쉬고 다음 주에 전화해." 하고서 다음 주에 전화가 왔을 때 받지 말 것.

「10일 안에 남자친구에게 차이는 법」이라는 영화가 이 책을 기초로 해서 만들어진 게 아닌가 싶을 정도다.

이 책을 읽으면 '미인이 남자를 잡는다'는 건 미디어가 만들어낸 환상일 뿐임을 알게 된다. 남자들은 검은 레이스 속옷을 입고 매달리는 여자보다는 포대 자루를 뒤집어쓰더라도 도도한 여자를 더 좋아한다. 문제는 애티튜드! 자신감을 회복하고, 스스로를 소중히 여길 때, 도망갔던 남자도 되돌아온다.

실전 연애 필살기

이 모든 것을 알고 있지만 진짜 사랑하는 사람이 나타나면 여자들은 여우 대신 한 마리 순한 양이 되어버린다는 데 문제가 있다. "몰라서 못하나? 사랑에 빠지는 순간, 아무것도 계산이 안 되는데 어떡해?"라는 분들을 위해 현실적으로 활용도가 높은 책 한 권 더 꺼낸다.

『내일도 나를 사랑할 건가요?』(김태훈 | 시공사)는 자신이 아무리 '팝 칼럼니스트'라고 주장해도 그를 아는 이들은 '연애카운슬러'라 생각하는 김태훈의 연애심리 상담서다. 내가 이제껏 읽어본 연애 관련서 중 최고점을 줘도 되겠다.

연애 심리에 관한 책은 주로 여자 입장에서 쓰인 것이라, 읽으나 마나 아는 내용이거나 읽는 순간에는 속이 시원한데 읽고 나서 생각해 보면, '해결책 없음'이 다반사였다. 이 책은 남자가, 그것도 선수가 써서 실용도 100%를 자랑한다. 여자인 내가 봐도 여자 속에 들어갔다 나온 것처럼 여자 마음을 잘 안다. 이 책 이후에 자칭 선수라는 남자들이 쓴 연애서가 몇 권 나왔는데, 읽어보니 시간 낭비였다.

여자가 외모 때문에 남자 앞에서 주눅이 든다면, 남자는 돈 때문에 여자 앞에서 주눅이 든다. 저자는 이렇게 말한다.

금전적인 여유가 많은 사람들은 이벤트에 강하다. 이건 진리이다. 제작비가 충분치 않은 영화감독이 흥행영화로 성공을 거두기 힘든 것과 같은 이치다.

그래서 돈이나 많이 벌라는 결론을 내렸다면 다른 책과 차별화될 이유가 없다. 이 책은 작은 돈으로 흥행영화 만드는 법을 알려준다. 그래서 쓸모 있다. 자신의 가방을 여자에게 맡기는 사소한 동작이 얼마나 고도의 심리전인지 알려주고, 첫 데이트에 성공하기 위해서는 자신이 잘 아는 가게로 데리고 가라는 고수들만의 노하우도 가르쳐 준다. 그러니까, 여자에게 남자의 본심을 적나라하게 알려주고 그들을 어떻게 다루면 되는지 가르쳐준다.

남자들은 자신이 호감을 가지고 있는 여자가 자신을 좋아한다는 이야기를 들으면 남성성을 과도하게 분출한다. 그러므로 호감 가는 남자에게는 제3자를 통해 슬쩍 이야기를 흘려보라. 그가 자신의 남자다움을 과시하려고 오버한다면 틀림없이 그는 당신에게 관심 있는 것이다.

남자에게 감탄사를 들었다고 '날 좋아하나?' 착각하면 안 된다. 오히려 화를 내거나 흠 잡는 것이 당신을 좋아한다는 뜻일 때가 많다. 왜냐면 남자들은 마음 없는 여자에게 화내는 동물이 아니니까.

남자가 자꾸 과거의 남자 이야기를 꺼내는 것은 당신에게서 "예전 남자보다 당신이 훨씬 나은 남자예요."라는 대답을 듣고 싶기 때문이다. 이럴 때 원하는 답을 해주면 문제는 절로 해결된다.

싸우고 나서 화해할 때는 타이밍 계산을 잘하라. 화해란 두 사람이 자존심을 굽힐 수 있는 적절한 타이밍을 찾는 기술이다.

이 밖에도 써먹을 수 있는 다양한 기술이 소개되어 있다. 읽어보고 활용하기 편한 것들부터 시도해보자. 지지부진하던 연애가 확 달라지리라 장담한다.

● ● ●

영화에서 배우는 연애 노하우

김태훈이 남측 대표선수라면, 여측 대표선수 고윤희는 『연애잔혹사』(고윤희 | M&K)에서 12편의 영화를 예로 들어 연애스킬을 전수한다.

남자가 거부감을 느끼지 않도록 추파 던지는 법을 알고 싶다면 「번지점프를 하다」를 참고해보자. 이 영화에 그토록 많은 유혹의 기술이 나오는지 예전에 미처 몰랐다. 연애에 잘 팔리는 남자와 결혼에 잘 팔리는 남자는 180도 다른 반면, 여자는 연애에 잘 팔리는 쪽이 결혼도 잘한다고 한다. 그래서 내가 연애도 결혼도 안 되는 건가?

뒤로 가면 점점 수위가 높아진다. 마음대로 놀아보라면서 낙태는 하지 말라고 하니 뭔가 앞뒤가 안 맞는다 싶은데, 결국 피임을 확실히 하라는 이야기였다. 여자가 쓴 연애서 중에서 가장 실용적이고, 주장이 분명한 책이다.

남자들에게 해주는 이야기도 있다. 우리나라의 팜므파탈은 요조숙녀에 청순가련형이다. 이를테면 「해피엔드」의 서보라처럼. 샤론

스톤처럼 대놓고 섹시하거나 스모키 화장하고 다닌다고 지레 겁먹지 말라, 남자들이여!

「연애의 목적」을 쓴 시나리오 작가로 알려지면서 함부로 대하는 남자들에게 질린 저자의 외침 같다. 사실, 여자들은 다 아는 건데. 진짜 여우는 조용하고 새침한 애들이라는 것을!

• • •

그는 당신에게 반하지 않았다

생각해보면 연애란, 참 스마트하지 못하다. '땅~' 총을 쏘면 시작돼, 전력 질주 끝에 결승선에 닿으면 끝나는 것이 연애라면 인생이 얼마나 해피 할까. 깔끔하고, 후유장애도 없을 테니 말이다.

'저 사람이 나를 좋아하는 걸까'라는 고민을 시작할 때부터 이미 연애는 시작된다. 상대의 마음을 가늠하는데 에너지를 들이부어 정작 연애 본론에 들어가서는 시들시들해지는 사람이 있는가 하면, "헤어지자."라는 말이 떨어진 후에야 본격적으로 미련이 남아 질질 짜고, 들러붙고, 술 마시고 전화해서 우는 사람도 있다.

시작도 끝도 무엇 하나 깔끔한 게 없고, 미련에 미련이 더해 사람 피폐하게 만드는 게 연애다. 어쩌면 둘의 찬란한 봄날 같은 건 길고 지루한 시작과 끝에 대한 선물일지도 모르겠다. 그렇게 보면 세상에서 가장 에너지 효율도 낮고, 감정 낭비도 심한 것이 '연애'라는 일이 아닐까. 연애 한번 잘못해서 인생 망치는 경우를 우리는 얼마나 자주 보고 듣는가?

미국 드라마 「섹스 앤더 시티」를 쓴 작가가 이 지지부진하고 힘든 연애를 스마트하게 정리해주는 책을 썼다. 나는 이 책을 드라마 「섹스 앤더 시티」의 타이틀처럼 만났다. 출근길, 버스가 내 앞을 휙 지나가는데 『그는 당신에게 반하지 않았다』(그렉 버렌트, 리즈 투칠로 | 공경희 | 해냄)라는 카피가 보였다. 마치 캐리가 자신이 쓴 칼럼 광고판이 달린 버스 앞을 지나다가 흙탕물에 놀라는 것처럼, 나도 그 카피를 보는 순간 화들짝 놀랐다. "우와…저렇게 센 제목이라니!"

바로 사서 펼쳤더니, 그 안에는 제목만큼이나 정신 번쩍 들게 하는 독설이 가득했다.

그가 당신에게 전화한다 해놓고 전화하지 않는다면 그는 당신에게 반하지 않았다.

그가 당신을 술 취한 날만 찾는다면 그는 당신에게 반하지 않았다.

그가 당신에게 "난 결혼에 관심 없어."라고 한다면 그는 당신에게 반하지 않았다.

그가 당신을 좋은 여자라고 하면서도 진도 나가지 않는다면 그는 당신에게 반하지 않았다.

그가 유부남이라면 그는 당신에게 반하지 않았다.

그가 늘 바빠 당신이 먼저 연락하는 쪽이라면 그는 당신에게 반하지 않았다.

그래. 이 책은 '혹시 그가 나를 좋아하는 게 아닐까?' 착각하는 여자들, '그가 나를 좋아하는데도 난 왜 이렇게 힘들지?' 슬퍼하는 여자들에게 정신 차리라고 호통친다. "누군가 마음에 들어 대쉬하는데, 그 남자가 분명히 호감을 보이며 데이트 해주는데도 별로 적극적이진 않고, 전화도 먼저 하지 않는다면 과감하게 그 남자를 떠나서 더 나은 남자를 만나라."는 것이 이 책의 요지다. 왜냐하면, 남자란 상대 여자를 좋아하는데도 뭉그적거리거나 거리를 두는 족속이 아니기 때문이다. '결혼하지 않겠다'는 결심조차도 사랑하는 여자를 만나면 허물어지는 게 남자다.

이 책을 읽고 나서 나는 "그 사람이 날 좋아하는 거 아닐까?" 은근히 기대하며 조언을 구하는 주변 여자들에게 냉정하게 "아니."라고 대답해주게 되었다. 전에는 아니라는 걸 알면서도 배려하느라 "그런 것 같아."라고 대답했는데, 이젠 그런 대답이 그다지 도움 되지 않는다는 것을 안다. 얼른 미련을 접고 자신을 사랑하는 다른 남자를 찾는 편이 시간적으로나, 정서적으로나 유익할 것이라 믿는다.

● ● ●

이별에 대처하는 우리의 자세

그렉은 후속작으로 사랑이 끝난 후에 미련을 잘라주는 『끝났으니까 끝났다고 하지』(그렉 버런트, 아미라 루오톨라 버렌트 | 이수연 | 해냄)라는 책도 썼다. 『그는 당신에게 반하지 않았다』의 이별 버전이라고 하면 정확한 표현이겠다. 남자친구에게 배신당했거나, 헤어지기로 했는데도 그를 못잊어 주변을 맴돌고 있는 사람이라면, 충분한 도움

을 받을 수 있다.

이별한 적이 있는가? 직장을 박차고 나온 적이 있는가? 부담스러운 우정의 끈을 끊거나 인생에서 도움이 되지 않은 것을 버려본 적이 있는가? 그렇다면 알겠지. 그 모든 경우의 공통점은, 당신이 실제로 거기서 빠져나오기 한참 전에 이미 '끝났다' 는 사실을.

잔인하게 들리지만, 받아들이면 인생이 달라지는 독설이다.
솔직히 말해서, 이런 책을 찾아 읽을 정신이 있는 사람이라면 이미 이별에 충분히 잘 대처하고 있다고 본다. 이별의 아픔에 빠져 허우적대는 사람들이 어떻게 이런 책을 찾아 읽겠는가? 혹시 주위에 그런 친구가 있으면 선물로 사다주기를 권한다.

쿨한 태도가 연애의 이상향인 것처럼 여겨지던 때가 있었다. 도대체 연애하면서 쿨한 태도란 게 가능한 일일까? 한 사람을 사랑하고 떠나보내면서 쿨할 수 있다면, 상대를 진실로 사랑하지 않았거나 가면을 쓴 것일 뿐이다.
사랑을 통해 우리는 상처받고, 성장하고, 좀 더 나은 내가 된다. 세상 어떤 일이 이만큼의 가르침을 주는지 난 잘 모르겠다. 간혹 주변에 연애는 하지 않으면서 연애서적만 들입다 탐독하는 사람들이 있다. 그런 사람들이 이론은 너무 잘 알아서 남의 연애에 감 놔라 대추 놔라 한다. 연애서적은 진짜 연애를 하면서, 답답할 때, 뭔가 풀리지 않을 때 읽는 것이지, 연애는 무서워 발도 못 담그는 사람이 대리만족하려고 읽는 게 아니다.

　두렵더라도 연애의 바다에 몸을 담가보자. 그러고 나면 누가 읽으라 하지 않아도 필요한 책들을 찾아서 읽게 되어 있다. 그때에야 연애서적들의 보물 같은 말이 진정으로 뼈가 되고 살이 될 것이다.

chapter 03

남자들이 생각하는
연애와 결혼

• 남성작가 소설 •

하이 피델리티 ∣ 단백질 소녀
사랑이라니, 선영아 ∣ 고슴도치

남성작가와 여성작가의 드라마는 확연히 차이가 있다. 대표적인 남성 드라마작가 최완규의 「올인」을 예로 들면, 그 드라마의 여주인공은 언제나 지고지순(심지어 수녀복을 입고 있을 때도 있다)하다. 남자가 밖에서 어떤 짓을 하고 다녀도, 심지어 아무 말 없이 사라졌다가 몇 년 만에 나타나도 "당신에게 아무것도 묻지 않겠어요." 하면서 해맑은 얼굴로 귀가를 축하한다. 세상 어떤 여자가 말없이 사라졌다가 몇 년 만에 나타난 남자친구에게 아무것도 묻지 않을 수 있을까? 그냥 믿어주고, 아무것도 묻지 않고, 잔소리나 바가지 긁지 않는 여자. 남자들의 로망이란 그런 여자인 모양이다.

대다수의 여성작가들은 허공에 붕 떠있는 남자 캐릭터를 만들어 낸다. 트렌디 드라마에는 재벌 2세나 의사, 변호사가 아니면 명함을 못 내밀고, 막장 드라마에서는 불륜을 저지르고도 뻔뻔한 철면피 남편들이 쏟아져 나온다. 여자들에게 멋진 남자란 재벌 2세이고, 남편이란 철면피나 웬수인가 보다.

내가 시나리오 공부를 할 때도 마찬가지였다. 여자들의 시나리오에는 남자가 죄다 백마 탄 왕자 아니면 찌질이였다. 남자들이 써 온 시나리오에서 여자들은 섹시한 미녀 아니면 순수한 백치였다. 서로들, 도대체 왜 이성을 그렇게 그리느냐며 분통을 터뜨리곤 했다.

우리는 남자로 태어나거나 여자로 태어난다. 한번 여자로 태어났으면 남자로 살 수 없고, 남자가 여자로 다시 살기도 어렵다. 창작하는 이들도 마찬가지다. 이성에 대한 감성이 남달라서 잘 쓰는 사람들도 있지만, 기본적으로 자신이 타고난 성별을 더 잘 이해할 수밖에 없다. 그래서 나는 소설을 읽을 때 소설가의 성별을 구분해서 읽는다. 연애의 가장 좋은 텍스트는 소설이라고 생각하는데, 그 중에서도 남성작가의 소설을 통해 남자를 조금 더 알게 되는 것 같다.

● ● ●

나에게 영향을 준 여자 베스트5
찌질한 남자의 성장기 쪽에서 독보적인 작가는 영국의 닉 혼비. 그의 소설은 꽤 많이 영화화되었다. 「어바웃 어 보이」, 「사랑도 리콜

이 되나요」, 「날 미치게 하는 남자」 등등. 그 중에서 「사랑도 리콜이 되나요」의 원작소설인 『하이 피델리티』(닉 혼비 | 오득주 | 미디어2.0)는 찌질남의 극치를 보여준다.

이 소설의 주인공 로브는 음반의 세계로 도망쳐 진짜 삶을 쳐다보지 않으려는 철없는 서른여섯 싱글남이다. 『어바웃 어 보이』의 윌이 귀찮은 열두 살짜리 소년 때문에 세상에 발을 딛게 되었다면, 『하이 피델리티』의 로브는 동거하던 애인 로라가 보따리 싸서 나가버림으로써 정신을 차리게 된다. 물론 그녀가 떠나자마자 그가 한 일이라고는 '내 인생에 영향을 준 여자 베스트 5'를 꼽는 일이었지만 말이다. 그 베스트 목록에서 로라의 이름을 쏙 빼고는 "네가 나에게 영향을 주려 했다면 우린 좀 더 일찍 만났어야 했어. 넌 2주 사귀다 헤어진 여자보다도 나에게 영향을 주지 못했어." 하며 억지를 부리는 놈이다, 로브는. 그런 로브가 혼자만의 시간이 길어지자 점점 자신의 잘못을 깨닫게 된다.

술 사주고, 테이프 만들어주고, 잘 지내는지 전화도 걸어주고…재빨리, 힘 안들이고 자신을 '멋진 남자'로 만드는 방법은 수두룩하다. 하지만 오랜 여자친구에게 한결같이 존중받을 만한 사람이 되는 것은 한층 어렵고 미묘한 문제다. 변기 청소를 해주고, 사랑을 표현하고, 현대 남성이라면 할 수 있는 모든 일들을 해치우는 등 한동안은 보조를 맞춘다. 그러다 시간이 좀 지나면 속이고, 심통 부리고, 양다리 걸치고, 소소한 거짓말을 한다. 난 당최 잘 해낼 수가 없다니까.

브루스 스프링스틴의 노래처럼 '썩지 않고 활활 타오르기 위해 기를 쓰고 변두리를 떠났건만 결국 도시에서도 엉성한 변두리 삶을 그대로 살고 있는' 자신을 깨달은 그는 음악을 좋아한 것도 현실을 회피하기 위한 방편이었다는 사실을 어렵게 고백한다.

우리는 종종 취향이 그 사람을 반영한다고 믿는다. 하지만 진짜로 중요한 것은 '그 사람이 뭘 좋아 하는가' 가 아니라 '그 사람이 어떤 사람인가' 가 아닐까? 결국 로브는 결심한다. '난 날씨나 아랫배 근육이나 프리텐더스 싱글 앨범에 담긴 굉장한 코드 변화가 나 대신 내 마음을 결정하도록 내버려두면서 살아왔어. 그런데 이제는 내가 결정을 하고 싶어.' 라고.

● ● ●

여자를 사냥하는 늑대들의 속마음

영국의 로브 정도는 괜찮은 남자에 속한다. 『단백질 소녀』(왕원화 | 신주리 | 솔)에 나오는 장바오와 친구에 비하면. 그들은 한마디로 고급 날나리들이다. 대만의 엘리트 계층인 그들은 아르마니 정장을 입고, 환율과 숫자 싸움으로 회사에서의 시간을 보내며, 칵테일파티에서 여자를 사냥한다. 두 사람이 매주 다른 여자를 만나 구애하고 차이는 얘기가 끝까지 이어지는 이 소설은 원래 〈차이나 데일리 타임즈〉라는 신문에 연재되었다고 한다. 그래서 소설의 매 장은 '지난주에 나와 장바오는 ~를 했다' 며 지난주를 요약해주는 것으로 시작한다.

그들은 타이뻬이(대만의 수도)의 남자와 여자를 각각 세 종류로 나눈다.

타이뻬이의 남자는 파리, 상어, 늑대.
타이뻬이의 여자는 냉장고, 다리미, 세탁기.

여자를 향해 달려드는 것은 똑같지만 파리는 윙윙거려 여자들을 성가시게 할 뿐이고, 상어처럼 여자를 완전히 잡아먹어야 하는 부류가 있는가 하면, 최상위에는 유학 다녀오고 옷도 아르마니만 입는 늑대가 있다.

여자들을 겉과 속이 같은 냉장고형, 뜨거울 땐 옷이 다 타도록 뜨겁다가 갑자기 식어버리는 다리미형, 남자를 깨끗하게 세탁해주는, 하지만 세탁하다 엉키면 3개월간 젖어서 꼼짝 못하게 만드는 세탁기형으로 나누었다.

이 책의 제목인 '단백질 소녀'란 뛰어난 미인이나 수재는 아니지만 몸에 꼭 필요한 단백질처럼 남자를 충족시켜주는 모범생 같은 여자를 말한다. 어찌나 말도 잘 지어내는지!

여자를 사냥하는 늑대들의 속마음을 알고 싶다면, 그럭저럭한 연애상담서보다 이 책을 추천한다.

● ● ●

닭고기에 대한 사랑과 한 여자에 대한 사랑

본격적으로 결혼 문제에 들어가 보자.

『사랑이라니, 선영아』(김연수 | 작가정신)는 삼각관계를 줄거리로 하는 연애소설이자, 소설의 형태를 띠고 있는 사랑학 개론이다. 홍상수 감독의 영화에 등장하는 찌질이 남자주인공들을 소설로 만난다면 이 소설에 등장하는 두 남자일 거다. 책 한 권을 통째로 밑줄 긋고 싶을 만큼 사랑에 대한 정의들이 빼곡하다.

> 진우에게 어떤 존재가 여자로 보이기 위해서는 거기에다 육체적이든 정신적이든 갈망이 더해져야만 한다. 갈망한다면 마지막 재고물품은 그럴듯한 옷으로 보이지만, 갈망이 사라진다면 그건 공연히 가위로 자르고 실로 묶어놓아 못쓰게 만든 천으로 보일 뿐이다. 사랑했던 여자도 마찬가지다. 마음도, 몸도 더 이상 부풀어 오르지 않으면 그건 그냥 Y염색체가 결여된 인간에 불과하다. 여기까지 말하면 열 명 중 반은 아무 대꾸 없이 앞에 있는 술을 마시는데 이들은 대부분 남자들이며, 나머지 반은 그 마음 나도 이해할 수 있을 것 같다고 말하는데 이들은 대부분 여자들이다.

사랑에 대한 정의보다 그에 대한 남녀의 반응이 더 재미있다. 저런 이야기를 듣고 "니 마음 이해한다."며 고개 끄덕거리는 내가 상상되어 괜히 민망했다.

100 • 그녀의 프라다 백에 담긴 책

결혼이라는 시스템이 사람을 어떻게 바꾸는지에 대해서도 정확하게 묘사한다.

너처럼 쫀쫀하게 몽그작거리는 애를 평생 매일 아침 9시까지 증권 회사 석계지점으로 출근하게 만드는 일은 병장이 이등병 머리 박게 하는 것보다 쉬워. 니 주민등록초본 아래로 줄줄이 이름을 등재시키면 되는 거야. 그럼 등 뒤의 태엽이 감긴 토끼 인형처럼 북을 두들기게 되지. 둥둥둥. 제게는 여우같은 마누라가 있습니다. 둥둥둥. 제게는 토끼같은 자식들이 있습니다. 둥둥둥. 그런데 아무도 돈을 벌어오지 않습니다. 이 지경이 되면 채찍을 보여주지 않아도 자본주의라는 이 거대한 바퀴를 굴리기 위해 자발적으로 뛰어든다는 말이지.

그리고 나를 자지러지게 만들었던 촌철살인의 대사.

"그런데 너만 보면 궁금한 게 하나 있다. 너는 닭고기하고 여자 중에 뭐가 더 좋냐?"
"당연히 여자가 좋지. 임마."
"그럼 어떻게 한 여자보다 닭고기에 대한 사랑이 더 오래 가냐? 난 도대체 이해가 되지 않는다."

특히 이 소설에서 통쾌한 장면들은 엄청난 말빨을 자랑하던 사람들이, 고수의 말 한마디로 '깨갱' 하는 꼴을 보일 때다. 386세대의 투쟁에 대해 시니컬한 독설을 줄줄 뱉어내던 남자가 "그래서 너는 1번 찍냐?" 소리에 찍소리 못하고 입을 다물고, 지나간 사랑은 포커판의 내려진 카드와 같다며 두 페이지 이상 장광설을 늘어놓던 놈이 "그래서 내가 니 옛 여자랑 결혼해." 이 한마디에 엿 먹는다.

이를 통해 인생은 말하는 자의 것이 아니라 행동하는 자의 것임을 보여준다. 나는 이 책 한 권으로 작가 김연수의 팬이 되었다. 이제껏 내가 본 중 가장 멋진, 사랑에 대한 정의도 이 책에 들어있다.

> 처음에는 두 사람이 함께 빠져들었지만, 모든 게 끝나고 나면 각자 혼자 힘으로 빠져나와야 하는 것. 그 구지레한 과정을 통해서 자신이 어떤 종류의 인간인지 뼛속 깊이 알게 되는 것. 그게 바로 사랑이다.

● ● ●

소심남에 대처하는 우리의 자세

연애의 금과옥조인 '열 번 찍어 안 넘어가는 나무 없다' 는 말은 구시대적 발상으로 치부되고 있다. 그 덕분에 아무리 "노"라고 해도 "예스"로 알아듣고 무식하게 돌진하는 남자들이 줄어든 건 환영할 일이지만, 분명히 마음이 있는 것 같은데도 소심해서 말 한번 제대로 꺼내지 못하는 남자들이 많아진 건 여러모로 불편하다. 여자가 먼저 대쉬하자니 모양 빠지고, 그렇다고 모르는 척 새침해 있자니

다른 여자가 채 갈까봐 걱정이다.

『고슴도치』(위기철 | 청년사)의 헌제는 현대 소심남을 대표한다. 딸과 어머니와 함께 살고 있는 이혼남인 그에게는 연화와 명신이라는 여자가 있다. 연화를 좋아하지만 이혼남이라는 처지 때문에 밀어내다가 결국 다른 이혼남에게 뺏기고, 수영강사인 명신은 귀찮아 죽겠는데도 자꾸 찾아와서 말 걸고 딸과 친하게 지내며 가족들을 자기 편으로 만들어버린다. 결국 헌제는 명신과 결혼한다.

이런 소심남에게는 명신처럼 씩씩하고 활달한 여자가 제격이다. 그녀가 헌제를 쟁취하는 방법은 소심한 남자를 마음에 두고 있는 여자들이 참고하기 좋다. 처음에는 남자의 무뚝뚝함에도 굴하지 않고 관심을 보이고 귀찮게 할 것. 그러다 남자가 폭발하기 직전, 갑자기 연락을 뚝 끊어 버릴 것. 남자가 안절부절 할 때 아무 일 없었다는 듯, 쓱 나타날 것.

그 정도면 그가 아무리 소심할지라도 관계는 급속도로 진전될 것이다.

이 책에는 내가 가장 감동적으로 본 베드신이 들어가 있다. 베드신 읽다가 눈물 흘리기는 처음이다.

'용감한 자가 미인을 얻는다' 는 말은 이제 여자들에게도 해당된다. 좋은 남자를 보면 그가 나에게 다가오기를 기다리지 말고 먼저 다가가자. 그렇다고 무조건 들이대지는 말고, 명신이처럼 전략적으로!

chapter 04

여자들이 생각하는 연애와 결혼
• 여성작가 소설 •

달콤한 나의 도시 | 브리짓 존스의 일기
오만과 편견 | 매리지 블루

나는 남성작가의 소설과 여성작가의 소설을 각각 다른 목적으로 읽
는다. 내가 좋아하는 남성작가들의 소설은 기발한 아이디어와 끝없
는 상상력을 자랑하고, 여성작가의 소설은 혹시 내가 주인공인가
싶게 현실적이고 공감할 요소가 많다. 남성작가들에게 기발함이나
입심을 바란다면, 여성작가에게 바라는 것은 '공감' 인 것 같다.

　여성작가가 20~30대의 전문직 여성들을 주인공으로 내세워 현
대 도시생활을 다루는 소설을 '칙릿(chic-lit)' 이라 한다. '멋있다' 의
chic과 '문학' 의 literature를 합친 말로, 칙릿은 이미 하나의 장르

로 인정받고 있다. 순수문학계에서는 가볍고 겉멋 들어 있다며 폄하하지만 나는 이런 소설들을 좋아한다. 별다방과 콩다방을 애용하고, 직장에서 스트레스 받고, 쇼핑으로 스트레스를 풀고, 가족 행사에는 되도록 빠지고 싶은 나 같은 여자가 주인공인데 싫을 이유가 없다. 문학은 사람을 위로하거나 각성하기 위해 만들어진 것이고, 시대상을 반영하여 끊임없이 변화해 왔다. 지금 우리 시대를 관통하면서, 나를 위로해준다면 이 소설들이 문학이 아닐 이유는 뭔가?

● ● ●

어정쩡하게 서 있는 30대를 위한 찬가

지금 우리나라에서 가장 잘 나가는 여성 소설가 정이현의 『달콤한 나의 도시』(정이현 | 문학과지성사)를 읽을 무렵, 나는 소설 속 은수의 친구 유희처럼 새로운 일을 해보겠다고 회사에 과감하게 사표를 던진 참이었다.

10여 년의 직장생활 동안 주인공 오은수처럼 오타를 찾고, 교정을 보고, 취재를 했다. 인쇄가 잘못되어 스티커 작업하고, 꼼수 부렸다가 들통 나는 일은 이쪽에 몸담고 있는 사람들에게 일상이다.

나는 은수처럼 원룸에서 생활하며, 은수의 맞선남 영수처럼 유기농 업체에서 일했고, 내 친구들은 소설 속 은수의 친구들처럼 결혼했다가 이혼하고, 유부남과 연애하고, 서른 넘어 뮤지컬을 배우고 공연도 했다. 온통 나와 내 주변의 이야기 같은 이 소설에 어찌 열광하지 않을 수 있었겠는가? 각각의 상황은 현실의 우리가 부딪치는 문제와 하나 다를 것 없어 울컥할 때가 많았다.

옛 애인의 결혼식 날 회사 출근해서 휴일 근무하고 짜장면 먹는 첫 부분부터, 같이 술 마실 사람이 없어 괜히 친하지도 않은 남자에게 이모티콘 붙은 문자를 보내고, 고민 끝에 이직을 결심했더니 '우거지월드'라는 이상한 회사의 일을 하게 되는 사소한 에피소드까지 공감지수 만땅인 소설이었다.

사랑과 일 사이에서 고민하고 있거나, 이 지겨운 일에서 나를 탈출시켜줄 사람 누구 없나 생각하는 30대의 여자들이라면 누구나 공감하며 읽을 거라 생각한다.

한국에 소심한 오은수가 있다면, 영국에는 풍뚱한 브리짓이 있다. 『브리짓 존스의 일기』(헬렌 필딩 | 임지현 | 문학사상사)를 쓰는 브리짓은 '살 빼서 멋진 남자 만나자'는 목표를 정하고 새해를 시작한다. 그 목표를 달성하기 위해 새로운 노트에 일기를 쓰는데, 일기의 첫 부분은 하루 동안 섭취한 칼로리, 피운 담배 개수, 마신 술의 양으로 채워진다. 술을 마신 날은 헤롱거리며 철자법 무시하고, 혀 짧은 소리를 내다가 결국 딸꾹질을 하는 것으로 마무리한다.

한밤중에 혼자 방에 길게 엎드려 그녀의 일기장을 읽노라면 발작적으로 웃음이 나서 데굴데굴 굴러 다녔다. 그러다 이웃집에서 항의 들어올까 봐, 나중에는 아예 이불을 뒤집어쓰고 큭큭 댔다.

언제나 결심만 하고, 게으르고, 실수 연발에, 친구들의 말 한 마디에 얇은 귀를 팔랑거리는 그녀의 모습은 바로 내 모습. 언젠가 몇 년치 일기장을 들춰보다가 매년 초에 써놓은 결심 중에 '살 빼자'는 결심이 빠지지도 않고 등장하는 걸 보고 한참 웃었다. 매년 심각하게 써놓고도, 한 번도 지킨 적이 없으니, 나도 참 어지간하다 생각하다가 그 뒤로부터는 아예 새해 결심에서 살빼기를 슬그머니 없애버렸다.

다니엘과 마크가 브리짓 존스라는 뚱뚱한 여자를 가운데 놓고 싸웠다는 줄거리로 이 소설의 매력을 보여주기는 역부족이다. 이 소설은 서른 살의 브리짓 존스가 겪는 일상과 그녀의 솔직함이 포인트! 이런 여자가 책 속 어딘가에 살아있다는 것만으로도 위로가 된다.

• • •

그때나 지금이나 여자에게 결혼이란

『브리짓 존스의 일기』는 영국의 고전 『오만과 편견』(제인 오스틴 | 박현석 | 동해출판사)을 현대에 맞춰 각색한 것이다. 내가 이 소설에 관심을 가지게 된 것은 영화 「유브 갓 메일」 덕분이다. 이 영화에 '남자들은 『대부』에 열광하고, 여자들은 『오만과 편견』을 반복해서 읽는다' 는 대사가 나온다.

주인공 톰 행크스는 『대부』에 나오는 '매트리스를 깔아라' 는 말로 맥 라이언의 기를 북돋우고, 맥 라이언은 톰 행크스를 기다리며 카페에서 『오만과 편견』을 읽는다. 내 주변에도 영화 「대부」를 인생 최고의 영화로 꼽으며 수십 번씩 돌려본 남자들이 수두룩하다.

무엇이 그와 그녀의 취향을 가름하는지 궁금해서, 먼저 『대부』를 읽고 『오만과 편견』으로 연이어 달렸다. 아버지처럼 살지는 않겠다고 했던 청년이 손을 더럽히면서도 가족을 지키는 이야기와 거만해서 상대도 하기 싫었던 남자에게 이끌리는 여자 이야기는 확실히 많은 이야기들의 원형이 될 만 했다.

『제인에어』를 20대에 다시 읽었을 때 여주인공이 진보적이라는 사실에 감탄했는데, 『오만과 편견』 역시 몇 백 년이 지나도 공감할 수 있는 이야기의 힘을 가졌다. 여자에게 결혼이란 그때나 지금이나 경제적인 이유가 가장 컸고, 조건보다 사람을 선택하기란 그때나 지금이나 어려운 일이다.

자존심 강한 남녀가 자신의 사랑을 들키기 싫어 자존심 싸움을 하는 것은 요즘의 연애에도 흔히 볼 수 있는 일이 아닌가? 모든 게 완벽하지 않아도 행복할 수 있다는 결론도 마음을 위로해 준다.

그 시절의 연애소설이 오히려 요즘의 연애소설보다 더 재미있게 느껴지는 건, 자유 연애를 반대하는 사회 전체가 장애물이기 때문이다.

• • •

결혼 vs. 일, 가지 않은 길에 대한 아쉬움

자유연애가 당연한 사회에서는 외부로부터의 장애보다는 내부로부터의 장애가 더 크다. 결혼 역시도 외부의 압력으로 '당연히 하는 것'이었다가, 내부의 결정으로 '내가 선택하는 것'이 되었다.

『매리지 블루』(유이카와 케이 | 서혜영 | 문이당)에는 결혼을 선택한 여자와 일을 선택한 여자가 나온다. 두 여자는 같은 광고회사의 입사 동기로, 스물일곱 살 때부터 각자 다른 길을 걷는다.

일을 선택한 노리코는 업무능력이 뛰어나고 유능해서 인기가 있고, 결혼을 선택한 가오루는 상냥해서 인기가 좋다. 노리코가 회사의 상사를 짝사랑한다는 사실을 알게 된 가오루가 먼저 그 남자를 가로채 결혼해버린다.

노리코는 회사에서 실력을 인정받다가 지방 호텔의 디너파티 기획이 실패하는 바람에 회사에서 쫓겨난다. 나이 마흔에 갈 데가 없어진 그녀는 마지막으로 이탈리아로 여행을 떠났다가 여행기획 일로 진로를 바꿔 사업체를 차리는데, 가오루의 딸이 그 회사에 입사함으로써 두 여자의 30년 된 애증이 우정으로 승화한다.

이 소설은 내가 지내온 20대, 지금 겪고 있는 30대, 곧 다가올 40~60대의 삶을 간결하면서도 핵심을 찌르는 문장으로 표현해, 읽는 동안 주인공들의 심리에 많이 공감했다. 나는 미혼인데다 노리코와 비슷한 가치관을 가지고 있어 그녀의 마음에 업혔다.

서로 다른 길을 간 두 여자를 통해, 결혼한다고 문제가 해결되지 않으며 그렇다고 나이 들어 혼자 사는 것도 쉽지 않다는 걸 보여준다. 무엇보다 나이 마흔이 되고 예순이 되어도 우리는 언제나 실수투성이에다 서투르다는 사실에 공감하며 읽었다.

한 가지 재미있는 것은 우리나라에서 『매리지 블루』라는 제목을 달고 나온 이 소설이, 일본에서는 『싱글 블루』로 나왔다는 사실. 일본에서는 싱글이 우울하고, 우리나라에서는 결혼이 우울하단 뜻?

어느 길을 가더라도 쉽지는 않고, 가지 않은 길에 대한 아쉬움이 남는 법인데, 이런 책을 읽음으로써 가지 않은 길에 대한 아쉬움을 조금이나마 덜 수 있지 않을까 싶다. 두 쪽 다 가보지 않은 젊은 사람들에게는 좀 더 신중하게 생각해볼 계기를 제공해 줄 테고.

part 3

독립
Single Life

대부분의 사람들은 집을 지으면
마당에 잔디를 심거나 개를 키운다.
이것은 조건 반사와 같다.
한 번에 두 가지를 다 하는 사람도 있다.
그것도 그것대로 나쁘지 않다.
파란 잔디는 예쁘고 개는 귀엽다.
그러나 반년쯤 지나면 모두들 조금씩
지겨워지기 시작한다.
잔디는 깎아야 하고, 개는 산책시켜야 하는데,
이게 생각처럼 잘 되지 않는다.

- 중국행 슬로보트(무라카미 하루키)中 -

chapter 01

내가 먹는 것들이
나를 만든다

• 식생활 •

초라한 밥상 | 육식, 건강을 망치고 세상을 망친다
음식혁명 | 슈거 블루스 | 헝그리 플래닛

나는 대학 3학년 때부터 지금까지 자취 생활을 해왔다. 10년을 훌쩍 넘은 이 생활에 웬만큼 이력이 붙었다. '자취(自炊)' 라는 말 자체가 '스스로 밥 짓는다' 는 뜻일 정도로, 독립하면서 가장 먼저 부딪히는 문제가 '세끼 밥을 어떻게 해결하지?' 다.

20여 년간 아침밥 굶어 본 적이 거의 없을 정도로 꼬박꼬박 엄마가 해주는 밥을 먹고 다녔다. 엄마도 요리 솜씨가 좋았고, 동생들도 요리를 곧잘 하는데, 유독 나만 요리를 못한다. 동생들이 뭔가 만들면 맛있게 먹어주고 설거지하는 것이 내 몫이었다. 그러다 자취를 시작했으니, 아침밥은 꼭 먹어야 되지, 요리는 못하지, 결국 형편없는 내 요리 솜씨에 내 입맛을 맞추는 방법만이 살아남는 길이었다.

그나마 오징어 손질하다 내장을 잘못 건드려서 하염없이 먹물을 씻어내고, 귤을 껍질째 갈아서 거품 나는 농약 주스 만드는 수준을 벗어난 것이 경험에서 비롯된 발전이랄까? 요즘도 친구들은 내가 해준 밥을 먹으며 "자취생활 오래 하면 요리 잘한다는 거 다 거짓말이야."하는 말을 예사로 한다. 그래도 나는 내가 만든 밥이 맛있다. 담백하고 심심한 그 맛에 길들여졌다.

● ● ●
초라한 밥상이 건강에 좋다

혼자 밥을 먹을 때는 괜찮은데 간혹 예기치 않은 손님이 왔을 때, 있는 반찬에 숟가락만 더 얹어 밥상을 차리면서, 너무 초라하지 않나 싶을 때가 있다. 김치, 김, 된장찌개, 멸치조림이 전부인 내 밥상에 대해 『초라한 밥상』(마쿠우치 히데오 | 김욱송 | 참솔)의 저자 히데오 선생은 걱정하지 말라고, 아주 건강한 식단이라고 진단 내려준다.

대학에서 영양학을 전공한 저자는 영양학의 문제점을 지적하는 것으로 이야기를 시작한다. 영양학은 음식의 성분을 분석하는 과학이다. 그러나 일상생활에서 사람은 영양소별로 먹는 게 아니라 음식을 먹음으로써 영양소를 섭취한다.

예를 들어, "계란에는 단백질이 많으니 건강에 좋다. 하지만 계란에는 콜레스테롤이 있으니 너무 많이 먹으면 안 된다.", "녹차의 카테킨 성분이 머리를 맑게 한다. 하지만 타닌 성분이 많아서 해롭다." 같은 이야기를 들어본 적이 있을 것이다. 우리 힘으로 계란의 단백질과 콜레스테롤을 분리할 수도 없는 노릇이고, 녹차를 우릴 때 타닌 성분만 쏙 빼는 기술이 있는 것도 아닌데, 어쩌란 말인가?

이 책을 읽고 나면 마음이 편해진다. 밥과 된장국과 몇 가지 반찬으로 하루 세 끼 먹으면 건강해진다니, 내 초라한 밥상 걱정이 사라진다.

서구 영양학은 음식을 먹는 행위에 대한 고려가 없는 탁상공론이며, 진짜 중요한 것은 5대 영양소와 칼로리가 아니라 '밥'이라는 사실을 가르쳐 준다. 여기에다 조금만 더 신경을 쓴다면, 흰쌀 대신 쌀눈이 붙어 있는 현미밥을 먹는 것이 좋고, 반찬 안에 멸치나 생선, 해조류나 김치 등의 야채반찬 한 가지를 올릴 수 있다면 더 좋다. 일본과 우리나라는 식생활이 비슷해서 일본인이 쓴 책이지만 우리 실정에 잘 들어맞는다.

거친 밥을 먹을수록 건강에는 이롭다. 헬렌 니어링이나 타샤 튜더같은 서양의 유명한 할머니들도 그러셨다. 가공하지 않은 음식이 가장 맛있는 음식이라고. 그러니 지지고 볶는 요리 기술이 없다고 지레 포기할 것이 아니라 생오이를 아작아작 씹으면서 "난 식재료 본연의 맛을 즐기는 중이야!"하는 뻔뻔함을 가져보자.

● ● ●

우리가 아는 식품 상식의 허와 실

나는 친환경·유기농 식품 관련업체에서 몇 년간 일했다. 농약 뿌리지 않고 과수원 운영하는 게 얼마나 힘든지, 기껏 유기농으로 키워놓아도 병들고 시들었다고 소비자들의 외면을 받는 일이 얼마나 허다한지 많은 분들을 취재하면서 알게 되었다.

이 업계에서 세계적으로 유명한 사람이 존 로빈스이다. 우리나라에도 동네마다 하나씩은 있는 아이스크림 체인점 '배스킨라빈스31'의 사장 아들로 태어나, 부와 명예를 가져다줄 것이 확실한 글로벌 기업을 상속받지 않고, 시골에 들어가 농사지으며 식품의 위험성을 전 세계에 알리는 슬로우 푸드 운동을 하고 있다.

존 로빈스가 10년의 기간을 두고 쓴 『육식, 건강을 망치고 세상을 망친다』(존 로빈스 | 이무열 | 아름드리미디어)와 『음식혁명』(존 로빈스 | 안의정 | 시공사)은 유기농 식품 분야의 일을 하는 사람들에게는 필독서로 불린다. 『육식, 건강을 망치고 세상을 망친다』는 2권으로 출판되어 있고, 『음식혁명』은 그 두 권을 합친 것보다 더 두껍게 1권으로 나와 있다. 어느 쪽을 읽어도 괜찮다. 세 권을 다 읽는다면 더 좋고.

책 읽는 내내 '무식하면 용감하다'라는 말이 머리를 떠나지 않는다. 우리가 하룻저녁에 삼겹살을 2~3인분씩 먹어대는 것도, 생각 없이 햄버거를 먹는 것도 모두 무지에서 나오는 행동이다. 알고는 못 먹는다. 우유와 계란이 완전식품이라는 상식도, 사실은 낙농업계가 천문학적인 돈을 들여 벌인 로비의 결과물이라는 것을 알게 되었다.

언젠가 식생활 관련 강의를 듣다가 우유가 칼슘의 보고이지만, 다른 무기염류의 흡수를 막기 때문에 오히려 우유를 많이 먹는 나라에서 골다공증의 발병률이 높다는 이야기를 듣고 충격 받았다. 당장 우유업계에 종사하는 친구에게 전화했더니, 그 친구는 그 사실을 이미 오래 전에 알고 있었다. 다만 말하지 않았을 뿐. 이럴 수가!

존 로빈스의 책에는 이런 충격적인 사실이 수십 가지 나온다. 광우병 소 수입 문제로 이제는 많이 알려진, 맥도널드 햄버거를 만들기 위한 컨베이어벨트식 도축장의 실태와 그들의 비인간적인 도축 환경도 『육식, 건강을 망치고 세상을 망친다』에서 가장 먼저 폭로되었다. 덕분에 존 로빈스는 낙농업계에서 '공공의 적'으로 찍혔다고 한다.

나는 이틀에 한 번씩 머리를 감는다. 린스나 트리트먼트는 사용하지 않는다. 여러 가지 이유가 있지만, 이렇게 해서라도 수질 오염을 줄이는데 동참해보겠다는 기특한 생각도 그 이유 중 하나다. 그런데 『음식혁명』을 읽어보니 수질 오염을 위해서 샤워를 덜 하는 것보다 고기 한 점을 덜 먹는 게 훨씬 유익하다고 한다. 사람이 6개월 동안 매일 샤워를 하는 것보다 스테이크용 쇠고기 한 덩어리를 만드는 데 드는 물의 양이 더 많다는 것이다.

뭔가 억울했다. 물 아껴보겠다는, 환경오염을 줄여보겠다는 나의 노력은 거대한 축산업계와 낙농업계 앞에서 계란으로 바위 치기였던 것이다. 원래도 고기를 그다지 좋아하는 편은 아니지만, 이 책을 읽고 더더욱 고기를 덜 먹게 되었다.

자신이 먹는 것에 대해 너무 무식하지는 않았는지, 너무 관대하지는 않았는지 이 책들을 통해 체크해보자. 지구가 아니라 나 자신을 위해서 식생활은 개선해야 한다.

● ● ●

달콤함의 유혹을 뿌리쳐라

먹는 것들 중에도 유독 달콤한 것에 약한 사람들이 있다. 생크림 듬뿍 얹은 카페 모카, 달콤한 티라미슈와 부드러운 치즈케이크의 유혹을 뿌리치기란 쉬운 일이 아니다. 야심한 시각에 TV를 보고 있자면 단 게 얼마나 당기는지.

그런 분들에게는 『슈거 블루스』(윌리엄 더프티 | 이지연, 최광민 | 북라인)를 권한다. 읽고 나면 당분간 단 것은 거들떠보기도 싫어질 것이다.

담배에 설탕이 들어가 있다는 사실을 알았는가? 이 썩지 말라고 사용하는 치약에도 설탕이 들어가 있다는 사실은? 나는 몰랐다. 이 책을 읽고 나서야 알았다. 우울증, 조울증, 정신분열 등의 신경 장애는 설탕의 과다 섭취가 원인인 경우가 많다고 한다. 설탕은 코카인이나 마리화나와 다를 바 없는 마약이다.

그런 설탕이 왜 세계적으로 이토록 만연하게 되었을까? 중세시대 무역권을 장악하기 위해 각국에서 의도적으로 설탕을 배급했기 때문이다. 재미있는 사실은, 제당회사들이 큰돈을 들여 연구소를 설립하고 연구비를 지원하며 수십 년간 연구해도 설탕의 좋은 점은 발견되지 않고 나쁜 점만 자꾸 발견된다는 것.

이 책을 읽고서 스낵이며 아이스크림이며 먹기 좋은 간식은 다 치웠다. 대신 오이와 당근을 먹기 좋게 손가락 크기로 잘라 놨다. 입이 궁금하면 이런 음식들을 먹는 게 건강에도 좋고 살도 찌지 않는다니까.

• • •

세계는 이렇게 먹고 있다

한때 이디오피아 난민을 돕는 '사랑의 빵'이라는 저금통이 유행한 적이 있다. 월드비전에서 기획한 자선구호 아이템이었는데, 나도 교회에서 몇 개 받아 집에 놓고 동전들을 모아서 갖다 주곤 했다. 그때는 어리고 순수해서 그랬는지, 한 달 용돈 몇 만 원이 안 될 때였는데도 부지런히 동전을 모았다. 그런데 나이가 들고 세상 때가 타면서 요즘은 TV에서 기아체험이니 뭐니 특별방송을 해도 보게 되지 않는다.

피골이 상접한 아이들의 앙상한 갈비뼈와 눈곱 낀 커다란 눈망울을 보고 있으면, 내 늘어진 아랫배가 경멸스럽고, 먹다 버린 음식 찌꺼기들을 어쩐지 도로 삼켜야 할 것 같은 죄책감이 들어서다. 그러니 아예 보지 말자는 쪽으로 기울어진다.

여기, 그런 죄책감으로 주눅 들지 않고도 볼 수 있는 책이 있다. '세계는 지금 무엇을 먹는가?'라는 부제가 달린 『헝그리 플래닛』

(피터 멘젤, 페이스 달뤼시오 | 김승진, 홍은택 | 윌북)은 전 세계 30곳의 가정을 취재하여 이들의 일주일치 식단을 기록한 책이다.

첫 페이지에는 일주일치 장을 봐온 음식을 앞에 놓고 식구 수대로 서서 찍은 사진이, 그 다음 페이지에는 일주일치 음식재료가 하나 빠짐없이 꼼꼼하게 기록되어 있다.

일주일치 음식재료를 쌓아놓고 한눈에 보는 건 신기한 경험이다. 차드의 10명 넘는 가족이 먹는 음식은, 호주의 4명 식구 음식량의 20%도 되지 않는다. 가격으로 환산해놓은 숫자는 더 놀랍다. 지구 위의 어떤 가족은 일주일에 40만 원어치를 먹는데, 어떤 가족은 일주일에 7천 원어치를 먹는다. 너무 가난해서 '어떤 음식을 좋아하세요?'라는 질문 자체를 이해 못하는 나라가 있는가 하면, 가공되지 않은 음식재료라고는 감자 몇 알과 브로콜리가 전부인 나라도 있다. 과연 우리 집의 일주일치 장을 봐오면 얼마나 될까 궁금하다.

기아와 환경에 관한 일을 하는 두 저자는 정말 성실하고 꼼꼼하다. 그램 수와 식품명만 나열되어 있는 중에도 '원래 빵 34개였는데, 촬영할 때 보니 30개로 줄어있었음. 그동안 누군가 4개를 먹어치운 것' 식의 기록이 괄호 안에 적혀 있다. 그 성실함에 혀를 내두르게 된다.

저자들의 성실함 못지않게 번역자도, 편집자도 누구 하나 허투루 일하지 않았다. 한 가지 흠이라면 두꺼운 아트지를 써서 책이 무겁다는 것. 가벼운 종이였다면 이들의 생생한 표정과 음식 사진의 디테일이 제대로 살아나지 못했을 테니, 무게 정도는 감수해야겠지.

현 지구의 인류학 보고서로도, 음식문화 보고서로도, 식생활에 대한 리포트로도 읽히는 이 책은 저자들이 강력하게 내세우는 주장이 없지만, 읽는 자체만으로도 많은 것을 깨닫게 해준다. 어떤 강력한 외침보다 강한 설득력을 갖춘 책이다.

자신의 전 인생을 바쳐 일해 온 것들을 책으로 내주시는 분들도 고맙지만, 내가 돌아다닐 수 없는 세계를 돌아다니며 위험도 무릅쓰고 이런 책을 만들어주시는 분들도 매우 고맙다.

소중한 나의 몸,
알아야 더 아낀다
• 건강 •

나의 살던 고향은 꽃피는 자궁 | 몸이 따뜻해야 몸이 산다
비타민 쇼크 | 맨 얼굴 미인

건강할 때는 혼자 사는 게 좋다. 자유롭고, 내가 하고 싶은 대로 하고, 게으름 좀 부려도 누가 뭐라는 사람 없고. 문제는 아플 때다. 싱글로 산다는 것은 아플 때도 내가 일어나 옷을 챙겨 입고 약국에 가서 약을 지어 와야 한다는 뜻이고, 그 약을 먹기 위해 내가 먹을 죽을 직접 끓여야 한다는 뜻이다. 밤새 끙끙 앓는다고 누가 와서 차가운 물수건 짜서 이마에 얹어주지 않는다.

그래서 혼자 살 때는 특히 건강에 유의해야 한다. 직장생활을 해보면 항상 아픈 사람들이 있다. 타고난 체력이 약하기도 하지만, 자

기관리를 못해서 그런 경우도 많다. 몸이 으슬으슬 추워지면 약속 취소하고 얼른 집에 들어가 따뜻한 방에서 두꺼운 이불 덮고 자야 하는데, 굳이 추운 밤거리를 돌아다니다 다음날 회사에 못 나온다. 술을 마시다 어느 정도에서 멈춰야 하는데, 고장난 브레이크처럼 들이붓고는 뻗어버린다. 비 온다는 예보가 있으면 미리미리 우산 챙겨 넣고 다녀야 하는데, 귀찮아서 안 가지고 갔다가 비 쫄딱 맞고 감기 걸린다.

독립한다는 것은 어른이 된다는 것이다. 엄마가 더 이상 나를 챙겨주지 않는다는 사실을 받아들이고, 스스로 몸을 소중히 여기며 아껴줘야 한다. 동거인은 언제 바뀔지 모르지만, 내 몸은 죽는 날까지 나와 함께 할 영원한 친구이니까.

● ● ●

터치는 만병통치약

이렇게 평생 같이 가야 할 몸인데, 한국에서 여성의 몸은 오로지 한 가지 방식으로만 이해되는 것 같아서 슬프다. 『나의 살던 고향은 꽃피는 자궁』(이유명호 | 웅진닷컴)이라는 책을 읽는 동안, 나의 메신저 대화명은 '나의 살던 고향은 꽃피는 자궁'이었다. 대화명이 노골적이라며 음침한 웃음을 흘리는 사람도 있었다. '자궁'이라면 무조건 성적으로 해석하니 착잡했다.

이 책은 한의사가 썼다. 생리통, 골다공증 등 여성들이 앓고 있는 다양한 병에 대한 설명과 예방법, 출산과 육아, 다이어트는 물론 남자와의 궁합 이야기도 나와 있어 흥미진진하다.

현대인의 많은 병이 애무를 해주면 낫는다고 한다. 어릴 때 "엄마 손은 약손~"하면서 엄마가 슬슬 문질러주면 아프던 배가 가라앉은 경험, 누구에게나 있을 것이다. 이제는 엄마에게 맡기지 말고 스스로 문질러주자. 머리가 아플 때는 머리를, 배가 아플 때는 배를. 그것만으로도 많은 병이 사라진다.

나는 생리통이 꽤 심한 편이다. 그래서 생리휴가를 챙겼는데, 보건휴가계를 낼 때마다 못마땅해 하던 상사가 있었다. 언젠가는 "여자들은 참 좋겠어, 매달 하루씩 공짜로 놀고 말이야."라고 이죽거리기에, 큰 소리로 "저도 이딴 거 안 타먹고 생리 없었으면 좋겠거든요? 부장님이 저 대신 생리 하실래요?"라고 한 적도 있다. 생리휴가란 한 달에 한번 공짜로 노는 날이 아니라, 여성의 몸을 보호하는 장치이다. 태어나 생리 한 번 해본 적 없고, 생리통에 아파본 적 없는 사람들이 비아냥거릴 문제가 아니다.

이 책에는 남성 위주의 사회에서 여성의 몸이 어떻게 비하되고 있는지, 보호받지 못하고 있는지 나와있다. 저자는 무엇인가 버려진다는 느낌이 들게 하는 '폐경'이라는 말 대신 완성된다는 뜻의 '완경'이라는 말을 쓰자고 주장한다. 아침에 일어나기 힘들어하는 여자들은 게을러서가 아니라 저혈압이라서 그러니 다그치지 말라고 한다.

이 분야의 유명한 책으로 크리스티안 노스럽의 『여성의 몸, 여성의 지혜』라는 책이 있는데, 나는 그 책보다 『나의 살던 고향은 꽃피는 자궁』이 좋다. 우리 형편에 맞아서 이해도 쉽고 분량도 적당하다. 자신의 건강을 스스로 지켜야 하는 싱글족은 물론, 결혼을 앞두고 있는 예비 신부, 임신과 출산을 준비하는 여성들에게 두루 도움이 되는 책이다.

• • •

체온이 1도만 올라가도 건강해진다

건강법에 대한 책을 그다지 신뢰하지 않는 내가 『몸이 따뜻해야 몸이 산다』(이시하라 유미 | 김정환 | 삼호미디어)를 읽게 된 것은, 지역 도서관 시각장애인실에서 자원봉사자를 모집한다는 안내문을 보고 입력봉사를 신청했기 때문이다.

책을 그대로 컴퓨터 자판으로 입력하면 된다기에, 내심 소설이나 재미있는 에세이를 기대하고 있었는데 담당자는 이 책을 내밀었다. 기대와 달라서 실망했으나, 알고 보니 나온 지 얼마 되지도 않아서 여러 쇄를 찍은 베스트셀러였다. 한 글자 한 글자 읽으면서 입력하다 보니 어느새 빠져들어 이 책에서 가르쳐주는 대로 살아볼까 싶어졌다.

저자는 의학 전공자로, 서양의학에 의문을 느껴 한의학을 공부하고, 지금은 요양소를 운영하며 책을 쓰고, 강연을 다닌다고 한다.

그는 현대인의 수많은 병이 저체온에서 비롯된다고 주장한다. 원래 인간은 36.5도의 체온을 가지고 있었는데, 자동차를 타고, 냉난방이 발달하면서 요즘은 평균 체온이 35.5도로 내려갔다고 한다.

암세포도 고체온에서는 죽는다고 하니, 체온을 올리는 것은 건강과 직결된 문제다. 과식을 하지 말고, 운동과 목욕을 꾸준히 하면 체온이 올라간다. 건강 관련서들이 으레 그렇듯 이런 방법으로 암을 퇴치하고, 다이어트에 성공한 사람들의 사례도 수록되어 있다.

운동으로 단련된 몸은 따뜻하기 때문에 칼로리 소모율을 높여 살이 빠진다는 것은 누구나 아는 사실. 그러므로 체온을 높이기 위해 노력해야 한다는 이 책의 주장은 아침을 먹느냐 굶느냐를 떠나서 충분히 실천할 가치가 있다고 본다.

• • •

화학 비타민에 대한 경고

혹시 매년 초 금연 결심을 하지만, 여전히 줄담배를 태우는가? 하루라도 알코올이 들어가지 않으면 제대로 잠들지 못하는가? 그러면서도 비타민은 꼬박꼬박 챙겨 먹고 있는가? 그런 분들을 위해 『비타민 쇼크』(한스 울리히 그림, 예르크 치틀라우 | 도현정 | 21세기북스)를 권한다. 가공식품과 패스트푸드의 범람으로 사람들에게는 비타민이 부족하고, 그런 비타민 결핍은 정제 비타민을 먹음으로써 해결된다는 현대인의 상식을 깨뜨려주는 책이다.

알고 보면, 현대인에게 비타민은 호들갑을 떨 만큼 부족하지 않을 뿐만 아니라 오히려 과잉 섭취되고 있다. 과잉 섭취된 비타민은 무서운 결과를 낳는다.

엽산이 부족하면 기형아를 낳을 수 있다는 말에 많은 임산부들이

엽산을 먹는데, 그 이후 쌍둥이 출산율이 엄청 높아졌다. 비타민D 정제를 너무 많이 먹어 온몸에 감각이 둔화되고 결국에는 자기 다리가 없어졌다고 느끼는 감각마비 증상이 나타나기도 한다. 별로 후유증이 없다는 비타민C 역시 많이 먹으면 피부가 노랗게 변한다. 더 소름 끼치는 것은 알약 형태로 나오는 비타민의 원료. 화학 비타민은 오렌지나 레몬 대신 값이 싼 잡초, 동물 시체가 썩은 흙 등에서 추출한다고 한다.

이 책의 주장은 간단하다. 비타민이 첨가된 주스나 정제 비타민을 먹지 말고 자연식품을 먹으라는 것이다. 자연식품의 비타민은 각종 영양소와 함께 섭취되어 몸에 좋은 영향을 미치는데 반해 정제 비타민은 오로지 비타민 한 가지만 있기 때문에 몸에 들어가서 전혀 작용하지 못한다. 왜냐하면 비타민은 하나의 성분으로는 아무것도 못하며, 다른 영양소와 섞여야 효과를 나타내는 물질이기 때문이다.

자연식품은 비타민을 과다 섭취하지 못하게 만들어져 있는데, 정제는 과잉 섭취가 너무나 쉽다. 예를 들어 한 사람이 10리터들이 올리브유를 한꺼번에 마실 수는 없지만, 알약으로 먹으면 그만큼의 비타민을 쉽게 섭취한다는 것이다. 그러니 병이 날 수 밖에.

과잉섭취도 문제이지만, 다른 나쁜 식습관과 흡연, 음주 습관은 그대로 두고 비타민 정제를 먹는 것으로 건강에 대한 최소한의 도리를 했다고 생각하는 것이 더 문제다. 식사 제때 안 하고, 맨날 술마시고, 줄담배 피우면서 비타민은 거르지 않고 챙기는 분들은 이 책 읽고 정신 좀 차려야 한다.

• • •

화장품을 멀리 할수록 건강해지는 피부

내 주변에는 평상시에 맨 얼굴로 다니는 친구도 있고, 기초부터 색조까지 매달 화장품을 사들이는 친구도 있다. 희한한 것은 그렇게 노력하는데도 화장하는 친구보다 맨얼굴로 다니는 친구의 피부가 좋다는 것이다.

"피부에 자신 있으니까 맨 얼굴로 다니는 거 아니야? 타고나길 좋은 피부로 타고났겠지."

그럴 수도 있다. 하지만 내 주변뿐만 아니라 대부분의 경우 피부에 신경을 쓰고 전전긍긍하는 사람보다 무사태평한 사람들이 오히려 피부가 좋다. 그게 단지 타고났기 때문일까?

『맨얼굴 미인』(후나세 슌스케ㅣ장미화ㅣ좋은책만들기)을 쓴 후나세 여사는 단호하게 그렇지 않다고 말한다.

일본 여성들의 피부가 가장 아름다웠던 시기는 바로 전쟁 때입니다. 화장을 할 여유는커녕 식량조차 부족했던 그 시대가 가장 아름다웠다니 정말 아이러니 하지 않습니까? 가장 피부가 깨끗한 여성들은 교도소에 복역 중인 수인들이라고 합니다. 이 또한 아이러니한 일이 아닐 수 없습니다. 그리고 여성의 직업 가운데 맨얼굴이 가장 아름다운 직업은? 정답은 비구니입니다. 크림을 바르거나 클렌

징 제품으로 세안이며 마사지를 하는 스님의 모습은 상상조차 되지 않습니다. 이처럼 아무것도 하지 않는 피부가 가장 아름다운 법입니다. 과연 그럴까? 라고 의문이 가신다면 자신의 팔 안쪽을 한번 들여다보십시오.

당장 나의 팔 안쪽을 들여다봤다. 잡티 하나 없는 뽀얗고 부드러운 피부가 거기 있었다.

나는 기초 화장품보다 색조 화장품이 피부에 나쁘다고 알고 있었다. 그런데 이 책에 따르면 색조만큼이나 기초도 바를 필요가 없다고 한다. 클렌징폼이나 바디클렌저도 마찬가지. 타고난 우리 피부를 가꾸는 데 필요한 것은 계면활성제가 들어가지 않은 천연비누 하나면 족하다. 비누로 씻으면 웬만한 때는 다 벗겨지며, 씻고 그냥 놔두면 피부가 알아서 유수분 밸런스를 조절하기 때문에 스킨, 로션 없이도 촉촉한 피부로 돌아간다.

바디클렌저나 샴푸는 생쥐를 죽일 만큼 독성이 강하다. 심지어 비듬 샴푸에 들어가는 특정 성분은 태아의 척추를 휘게 만들기도 한다.

현대의 여성 탈모는 거의 40%에 육박하는데, ‘하루에 한번 샴푸로 머리 감기’ 캠페인이 온 지구적으로 성공한 이후 나타난 결과라고 한다. 그전에 여성 탈모는 5% 대였다고 한다.

일본 소비자연맹에서 일하는 저자는 시세이도, 랑콤, DHC 등 유명 브랜드 화장품을 수십 수백만 원어치씩 구입했다가 부작용을 경험한 사람들에게서 편지를 받아, 그 내용을 이 책에 싣고 구체적인 조언을 해준다.

그렇게 많은 사람들이 부작용을 경험하는데도 왜 잡지나 방송에서는 화장을 하는 것이 예의인 양, 화장을 하지 않으면 당장 얼굴에 문제가 생길 것처럼 호들갑일까?

합성샴푸나 화장품을 조금이라도 비판하는 기사를 실으면 즉각적인 복수가 시작됩니다. 그것은 곧 광고 게재의 중단입니다. 광고료 수입에 의존하는 잡지, 신문으로서는 사활이 걸린 문제입니다. 합성샴푸의 유독성을 지적하는 만화 원작자에게 편집 담당자가 찾아가 그 부분을 제발 삭제해 달라고 읍소했다는 일화를 들은 적이 있습니다. 과연 우리는 언론의 자유가 있는 나라에 살고 있는 걸까요?

바로 이런 이유 때문이다. 나는 이 책을 읽고 여러 가지 결심을 했는데, 그 중에서 지금까지 지키고 있는 것은 따로 클렌징폼을 사용하지 않고 비누로만 세수하는 것이다. 좋은 비누로 정성껏 세수하다 보면 기분까지 좋아진다.

기초화장은 상식, 색조 화장은 예의라고 생각하는 한국 여성들이 이 책 읽고 다 같이 맨얼굴로 다녔으면 정말 좋겠다.

chapter 03

당신의 지름신을
말려줄 이야기
• 쇼핑 •

쇼퍼홀릭 | 너희가 명품을 아느냐
욕망, 광고, 소비의 문화사 | 럭셔리 코리아

혼자 산다는 것은 내가 경제단위의 주체가 된다는 뜻이다. 즉, 엄마에게 월급을 반납하고 그 중 얼마를 용돈 타서 쓰는 생활이 아니라 생활비를 집에 부쳐드리더라도 월급통장은 내가 관리한다는 뜻이다. 독립하면 옷 한 벌 살 때마다 가족들 눈치 보느라 옷장 속에 쇼핑백을 숨기지 않아도 되고, 명세표 날아올까 봐 걱정할 필요도 없다. 바야흐로 쇼핑시즌이 시작되는 것이다.

내가 아는 후배는 100만원도 안 되는 월급을 받으면서도 철철이 고가의 옷을 사 입었다. 유니폼을 입는 회사였는데도 말이다. 돈 좀 아껴 쓰라고 잔소리하던 선배들이 줄줄이 퇴사하고 나서 한참 뒤에 만난 그녀는 "언니들이 없으니까 통제가 안 돼요. 카드 막다 볼일 다 보는 것 같아서 결국 카드 싹 다 잘라버렸어요." 했다.

회사의 선배들이 없어도 이럴진대, 매일 잔소리하던 엄마와 가족들이 없어지면 어떨까? 정신 바짝 차리지 않으면 쥐꼬리만한 월급, 전부 카드회사에 갖다 바치게 된다. 가족들이 내 월급에 목매고 있는 상황이 아니라면, 가족과 함께 살 때보다 혼자 사는데 훨씬 더 많은 돈이 든다. 가족과 함께 살 때는 그런 게 있는지도 몰랐던 전기세, 수도세, 통신비, 월세, 관리비가 매달 들어가고, 당연히 공짜로 생기는 건 줄 알았던 김치, 샴푸, 치약도 돈을 주고 사야 한다. 부모님이 알아서 해주던 적금이며 보험도 이제는 내가 알아서 해야 한다.

● ● ●

쇼핑보다 더 '익사이팅'한 것을 찾아라!

그런 현실을 직시하지 못하고 독립했다는 것에 들떠서 기분 내다가는 『쇼퍼홀릭』(소피 킨셀라 | 노은정 | 황금부엉이)의 레베카 꼴 난다.

삼류 경제지에 뜻도 모르는 경제기사를 잔뜩 휘갈겨 써놓고는 남는 시간에 쇼핑으로 소일하는 레베카는 '세일' 문구를 그냥 지나치는 법이 없으며, 박물관에 들어가서도 박물관보다는 그 안의 샵에서 더 많은 시간을 보내는 쇼핑중독자다.

그런 레베카에게 주거래 은행과 카드사에서 빚 독촉장이 날아든다. 그녀는 온갖 엉터리 핑계로 은행 측과의 만남을 미루고, 날아온 고지서는 서랍 안에 처박고, 그런 현실을 회피하기 위해 쇼핑에 더욱 몰두한다.

게다가 그녀는 천부적인 거짓말쟁이다. 난감한 상황에 빠지면 자동으로 거짓말이 척척 튀어나온다. 이력서에 '핀란드어 가능'이라고 써서 궁지에 몰리는 그녀를 보고 있으면 기가 질린다.

1권이 끝날 즈음 도대체 이 여자가 이 많은 빚을 어떻게 갚을까 걱정스러워지는데, 2권에 오면 그 모든 것이 아주 유쾌한 방식으로 해결된다. 뜻도 모르는 기사를 쓰던 레베카가 글 쓰는 기쁨을 만끽하며 스스로 취재하여 기사를 작성하고, 언제나 삼류 취급받으면서도 그게 모욕인 줄 몰랐었는데 항의하여 자신의 권리를 당당히 찾는다. 쇼핑보다 자신을 더 '익사이팅'하게 만드는 일을 찾자! 쇼핑 중독은 바로 치료될 것이다.

영국에 레베카가 있다면 일본에는 나카무라 여사가 있다. 『나는 명품이 좋다』와 『너희가 명품을 아느냐』(나카무라 우사기 | 안수경 | 사과나무)는 쇼핑에 중독된 유쾌한 아줌마 나카무라 우사기의 요절복통 쇼핑 칼럼집이다.

나 여사님은 소싯적 카피라이터와 기자를 했고, 현재도 프리랜서로 일하며 자신의 쇼핑비용을 스스로 번다. 번듯한 직장에 다니는 남편이 있는데도 말이다. 왜냐하면 남편한테 말하기도 민망한, 이상한 물건들을 쇼핑하는데 재미 들렸기 때문이다.

물이 줄줄 새는 샤넬 우산은 약과다. 목욕물을 젤리 형태로 만드는 분말, 독심술을 하는 요정 인형, 초콜릿 향 콘돔……. 이런 쓸데 없는 물건 사느라 주민세도 못 내고, 전화도 끊기고, 카드 돌려막기도 실패한다. 지지리 궁상스러운 그녀의 노심초사를 보노라면, 다행히 "나도 명품 살래."하는 생각이 쏙 들어간다.

무엇보다 나 여사님은 솔직하다. "나는 명품이 튼튼하고 품질이 좋기 때문에 사는 게 아니다. 명품을 걸치고 다니면 모두들 부러워 하니까 사는 거다"라고 까놓고 말한다.

'싼 거 여러 개 사느니, 그 돈 모아서 명품 사는 게 낫다'는 말은 명품중독자들의 공인된 변명이다. 그 말이 사실이라면 명품 백 하나 사서 100년은 들어야 된다. 그렇지 않은가? 웬만한 가격이라야 수긍이라도 하지, 전세보증금에 해당하는 돈을 가방과 신발에 처박 으면서 어떻게 그런 말을 할까? 명품 가격의 1/100만 줘도 예쁘고 튼튼한 아이템을 얼마든지 구할 수 있는 이 시대에!

● ● ●
쇼핑을 부추기는 광고의 이면

나는 광고 카피를 쓰는 직업 덕분에 오히려 쇼핑의 유혹을 멀리하게 되었다. 광고의 이면에 도사리고 있는 광고주의 기대와 광고제작자의 속마음을 간파하고 있기 때문이다. 소비자의 지갑을 열기 위해 광고제작자들은 예술은 물론 심리학, 철학까지 필요한 모든 학문을 동원하여 인간을 탐구한다.

광고를 '자본주의의 꽃'이라고 하는 데는 다 이유가 있다. 소비자의 주머니에서 돈을 빼내기 위해 이토록 거대한 시스템이 돌아가고 있는데, 개인이 쇼핑 충동을 다스리기란 얼마나 어려운 일일까?

『욕망, 광고, 소비의 문화사』(제임스 트위첼 | 김철호 | 청년사)는 그동안 우리가 당연하게 받아들였던 많은 것들이 치밀하게 계산된 고도의 마케팅 전략이었다는 사실을 알려준다.

빨간 옷을 입고 하얀 수염을 휘날리며 루돌프가 끄는 썰매를 타는 산타클로스는 누가 만든 작품일까? 가난한 두 남녀를 이어주려고 했던 성 니콜라스 신부가 어쩌다 복스러운 산타 할아버지로 재탄생한 것일까? 이건 전부 코카콜라의 음모다.

겨울이면 급감하는 콜라 매출에 고심하다 코카콜라 로고와 똑같은 빨간색 옷을 입힌 산타클로스를 만들었고, 덕분에 겨울 매출이 쭉쭉 올라갔다고 한다. 이제 사람들은 크리스마스라면 예수보다 산타클로스를 먼저 떠올린다.

자연스런 현상이었던 입 냄새를 예의에 어긋나는 병리적 현상으로 만들어버린 것도 구강청정제 회사의 음모다. 다이아몬드는 또 어떻고? 음식이나 물처럼 인간에게 꼭 필요한 것도 아니고, 옷이나 구두처럼 닳고 낡아서 계속 만들어내야 하는 물건도 아니다. 한갓 쓸모없는 돌덩이인 다이아몬드를 '영원한 약속'이라며, 프러포즈의 값비싼 필수품으로 만들어버린 건 다이아몬드회사 드비어스의 계략이었다. 단지 의미를 하나 만들어 붙였을 뿐인데 가치는 천정부지로 올라갔다. 곰곰 따져 보면, 다이아몬드의 가치란 가격 그 자체 외에는 아무것도 없다.

광고에 대해서 제법 안다고 생각했던 나도 놀랐으니, 일반인들은 "설마…음모론이 아닐까?" 할지도 모르겠다. 그러나 여기 실린 내용은 허황한 음모론이 아니라 모두 실제상황이다. 그것이 이 책의 가장 무서운 점이다.

● ● ●

나는 왜 명품에 열광할까?

새로 들어온 여직원 하나가 명품 중독자였다. 면접할 때도 머리끝에서 발끝까지 명품으로 휘감고 왔다는데, 나는 안목이 없어서 그런지 그녀의 차림새가 센스 있다고 느껴본 적이 없다.

꽂혀 있는지 없는지도 몰랐던 머리핀을 직접 만지작거리며 설명해줘야 그게 30만 원을 호가하는 아가타 핀이라는 걸 알았고, 그저 평범해 보이는 까만 치마를 백화점에 예약 걸어 일주일이나 기다렸다 샀다기에 "그런 치마 우리 집 앞 가게에도 숱하게 걸려 있던데, 뭐하러 일주일씩 기다렸니?" 해서 그녀의 가슴에 사정없이 생채기를 내기도 했다.

그녀는 이후로 나에게 브랜드 자랑 같은 건 하지 않는다. 자랑이라는 건 질투의 시선을 느껴야 제 맛이 나지, 아무것도 모르는 사람한테 해 봤자 보람이 없으니까.

똑같은 루이뷔통 백을 하나 걸러 한 명씩 들고 다니는 현상을 도저히 이해할 수 없는 나는, 사람들이 왜 명품에 열광하는지 알아보

기 위해서 『럭셔리 코리아』(김난도 | , 미래의창)를 펼쳤다.

이 책은 서울대 소비자학과 교수가 우리나라의 중상류층 명품족들을 만나 인터뷰하고 쓴 책이다. 상류층 사모님, 명품 판매원 등을 인터뷰하고 이들의 말투까지 녹음한 그대로 옮겨놔서 현장감이 느껴진다.

특정 집단이 음악, 시, 놀이, 춤, 에티켓처럼 드러나지 않는 지식으로 자기 집단을 구별 지을 때 '보이지 않는 잉크 전략'을 구사한다고 한다. 서양 귀족사회는 이런 식으로 자신들을 구별했는데, 자본주의가 유입되면서 이런 매너들이 대중화되다 보니 '보이지 않는 잉크'가 '보이는 전략'으로 바뀌었다. 이때 나타나는 것이 명품이다.

상류층은 남들이 자신을 따라올까 봐 명품을 개발하고, 중산층은 그런 상류층을 쫓아가려고 명품을 산다. 상류층은 과시형 소비자, 중산층은 질시형 소비자가 되는데, 과시형 소비자의 가장 큰 공포는 다른 사람들과 똑같아지는 것이고, 질시형 소비자의 가장 큰 공포는 남에게 무시당하는 것이다.

이 두 부류에 '명품을 사면 나도 상류층이 된다'고 착각하는 환상형 소비자와 '내 친구들이 사니까 나도 산다'는 동조형 소비자(주로 청소년층)까지 더하면 명품 소비족이 완성된다.

저자는 명품계의 기능에 대해 이렇게 말한다.

계나 동호회들은 정보 제공, 자금 조달을 위해 조직되지만 사치의 죄책감을 덜어내는 기능도 함께 수행합니다. 그들이 함께 나누고자 하는 것은 비용이나 정보가 아니라 핸드백 하나에 한 달 월급을 다 써도 좋을까 하는 불안감입니다.

업계에서는 높은 마진, 경기를 타지 않는 안정성, 새로운 시장 창출 등 갖가지 이득 때문에 명품 만들기에 여념이 없고, 소비자들은 차별화되지 않을까 봐, 무시당할까 봐 명품을 산다.

원인을 알면 좀 더 냉정하게 자신을 바라볼 수 있다. 나는 왜 한 달 월급을 탈탈 털어 명품 백을 사는가? 자신이 질시형 소비자인지, 환상형 소비자인지 진단하는 데서부터 올바른 쇼핑이 시작될 것이다.

신문과 뉴스를 보지 않는
당신이 알아야 할 것

• 사회 •

디아스포라 기행 | 나는 21세기 이념의 유목민
여러분! 이 뉴스를 어떻게 전해 드려야 할까요? | 왜 세계의 절반은 굶주리는가?
진보의 역설

주변 사람들이 결혼해서 가정을 이루고, 아이를 낳고, 집을 사는 동
안 결혼하지 않고 혼자 살아간다는 것은 소수자가 된다는 것을 뜻
한다. 어린 시절, 나는 내가 주류인 줄 알았다. 공부를 잘하는 편이
었고, 사람들에게 사랑받았으니까. 남들처럼 입시 보고 대학 들어
가고, 대기업에 입사할 때까지만 해도 그렇게 생각했다.

  하지만 세월이 흐르고, 세상을 알아가면서 나처럼 사는 사람은
주류가 아니라는 것을 알게 되었다. 더불어 비주류가 인생의 패배
자를 의미하는 것도 아니라는 걸 알게 되었다. 가족에게 발목이 잡

혀 하기 싫은 일 하며 하루하루를 죽이지 않아도 되고, 가족에 눈이 멀어 무엇이 바른지 그른지 판단이 흔들릴 필요도 없다.

반대로, 사회 다수가 선택한 길을 가지 않는 사람에게 이 사회가 얼마나 가혹한지도 체감한다. 집을 살 때, 보험을 들 때, 여행을 갈 때, 심지어 식당에서 밥 먹을 때마저도 혼자 사는 여자에게는 터무니없이 제약이 많다.

내가 읽고 감명 받은 책들 대부분이 소수자에 의해 쓰여졌다. 한 사회의 주류로 살면 그 사회가 돌아가는 방식에 대해 의문을 품을 여유가 없다. 사회에 적응하여 성공하는 것이 중요한 마당에 시스템 자체를 회의하는 것은 불필요하다.

소수자들은 체험을 통해 사회의 작동 방식에 의문을 품게 된다. 그래서 소수자들이 쓴 글을 읽으면 "세상을 이렇게 볼 수도 있구나!" 깨닫게 된다. 다수도 한 명 한 명 뜯어보면 개성이 다른 개인의 집합체이다. 그들을 익명의 다수가 아니라 한 명의 개인으로 대우해 줄 때, 세상은 살기 좋아진다고 믿는다.

● ● ●

경계선의 사람들

'혼자 사는 여자'라는 꼬리표를 달고 있긴 하지만, 나는 사회라는 테두리 안에서 살고 있다. 받아들여진 사람이라는 말이다. 비주류 중에는 그렇지 못한 사람들도 많다.

'디아스포라'라는 말은 '흩어진 사람들'이라는 뜻의 그리스어로,

팔레스타인 지방에 살다가 쫓겨난 유대인들을 지칭하는 말이다. 이 말이 요즘은 '경계인'이라는 뜻으로 쓰이고 있다. 『디아스포라 기행』(서경식 | 김혜신 | 돌베개)을 쓴 서경식 선생이 바로 그런 '경계인'이다. 재일조선인 2세로, 한국에 왔던 두 형이 간첩사건에 연루되어 옥고를 치르고, 그 사건을 통해 한국 사회를 겪어낸 서경식 선생은 『나의 서양미술순례』라는 책으로 나의 스무 살을 열어준 분이다.

일본땅에서 태어난 서경식 선생은 한국어를 못해서 이 책도 일본어로 쓰고, 한국어로 번역되었다. 우리가 간단하게 '망명자' 혹은 '재일교포'라고 부르는 그런 분이다. 식민지 역사를 가졌던 나라는 어디나 디아스포라들이 있다.

『디아스포라 기행』은 '추방당한 자의 시선'이라는 부제가 붙어 있는 미술 감상 기행문으로 런던, 광주, 카셀, 브뤼셀, 잘츠부르크 등의 도시를 돌며 미술 관련 전시회를 보고, 그곳의 예술가를 만난 이야기다. 그가 만난 예술가들 역시 자신의 고국에서 추방당한 사람들이다.

태어나 국어만을 했고, 고향이 어딘지는 헷갈릴지언정 내가 한국 사람이라는 것에는 일말의 의심도 해보지 않은 나는, 이 책을 읽지 않았다면 디아스포라의 삶에 관심조차 가져볼 일이 없었을 거다.

내가 운이 좋아서 한국어를 모국어로 쓰며, 한국 여권을 가지고 세계 어느 곳이나 여행 다니지만, 운이 나빴다면 나도 디아스포라가 되었을지 모른다는 생각에 책 읽는 내내 마음이 편치 못했다. 소수자란 자신이 원해서 되는 것이 아니며 숙명적이기에, 다수자라고

하여 그들에게 무심해서는 안 된다는 것을 이 책을 통해 배웠다. 여자도, 장애인도, 동성애자도, 디아스포라도 그렇게 태어나고 싶어서 태어난 사람은 아무도 없다.

선택의 여지가 없는 것에 대해 차별하는 게 얼마나 폭력적이고 잔인한 일인지, 많은 사람들이 읽고 깨달았으면 좋겠다. 외치지 않고 조용조용 말하지만, 어느새 사람을 설득하는 서경식의 문장은 변함없이 좋고, 바그너나 김지하를 보면서 갈등하는 시선까지도 인간적인 책이다.

● ● ●

그들에 대한 예의

우리가 경계인보다 더 차별하는 사람으로는 누가 있을까? 탈북자, 조선족이 아닐까? 반공이 국가이념이던 70~80년대에 북한이란 쳐부수어야 할 괴뢰도당이었고, 그나마 빨갱이로부터 자유로워진 2002년 이후에도 북한사람이란 꽃제비로 대표되는 헐벗고 불쌍한 이미지에서 한 발자국도 나아가지 못한 것 같다.

『나는 21세기 이념의 유목민』(김현식 | 김영사)을 읽기 전까지는 나도 마찬가지였다. 평양사범대에서 40여 년간 러시아어를 가르치다가 남한으로 넘어와 10년을 살고, 지금은 미국 예일대에서 강의하고 있는 북한 출신 학자의 평생을 담은 이 기록을 읽어보면 이토록 파란만장한 삶이 있을 수 있나 숙연해진다.

저자는 함흥에서 주일학교를 다니던 어린 시절을 보내다 엄마가 돌아가시고 6·25가 터져 열다섯에 인민군으로 입대한다. 거기서 머리에 포탄을 맞아 수술하고 제대한 다음, 무료로 대학을 보내준 다는 말에 몇 십리 길을 걸어 등록을 하고 러시아어를 배우게 된다.

졸업 후 평양사범대 교수로 배정받아 40여 년간 강단에 섰고, 러 시아에서 교환교수로 일할 때 42년 만에 남한에 사는 큰 누나를 만 난다. 누나를 만나고 온 날, 평양으로 돌아오라는 연락을 받자, 가 서 정치범수용소에 갇히느니 탈북하기로 한다. 서울에 와서는 정보 대학원, 외대 등에서 러시아어 강의를 했고, 현재는 예일대에서 강 의하며 미국에서 살고 있다.

귤 한 상자를 상으로 받아, 온 가족이 하나씩 먹고 6개나 남아서 이웃과 나눠 먹었다는 이야기는 북한의 실상을 보여주는 것 같아 가슴이 아프다. 하지만 그 보다 더 아팠던 것은 우리의 무지와 천민 의식이었다.

저자가 정보대학원에서 강의할 때면 항상 명단 제일 마지막에 '탈북자 김현식'이라고 오르다가 예일대 초청을 받았다니까 그때 부터 명단 제일 위에 '예일대 초빙교수 김현식'이라고 써주더라는 이야기는 씁쓸하다. 탈북자나 조선족이라는 레테르가 붙으면 인간 그 자체를 보지 않고 무조건 무시하는 우리의 편견이 무섭다.

나는 이 책을 읽고 나서, 드라마를 볼 때나 사람들과 이야기를 할 때 조선족을 폄하하는 시선이 불편해지기 시작했다. 어떤 영화에서 조선족 여성이 심청전도, 세종대왕도 몰라서 남한 남자가 가르쳐주 는 장면을 보고 민망했다. 가난하면 무식하다고 보는 그 시선의 무식함에 낯이 화끈거렸다.

　세상에 함부로 대해야 할 것은 없다. 나를 함부로 대하는 게 싫다면, 나도 누군가를 함부로 대해서는 안 된다.

● ● ●

드라마보다 더 드라마틱한 세상

세상을 떠들썩하게 만드는 사건들이 있다. 사람들은 두 편으로 갈려서 천지가 쪼개질 듯이 싸워댄다. 내 이웃 블로거는 그럴 때 책으로 대처한다고 알려주었다. 한창 진행 중일 때 신문을 읽고, 인터넷 포털을 돌아다녀 봐야 정신 사납기만 하고, 점점 오리무중이 되니, 모든 것이 지나가고 잠잠해진 뒤에 나오는 책들을 기다린다고 한다.

　사건이 일단락된 후 가장 늦게 나오는 것이 책이기에 그만큼 오류의 확률도 줄고, 복잡했던 전후좌우가 정리되어 그때서야 잘잘못을 따질 수 있게 된다는 것이다. 나의 경우, 황우석 사건이 그랬다.

　『여러분! 이 뉴스를 어떻게 전해 드려야 할까요?』(한학수 지음 | 사회평론)는 황우석 사태를 한 복판에서 겪었던 MBC「PD수첩」의 PD가 쓴 책이다. 작가 공지영이 〈조선일보〉와의 동영상 인터뷰에서 무척 재미있는 책이라고 추천했다.

　나는 사람들이 황우석을 칭송할 때 '저 사람은 신의 영역에 도전했구나!' 하는 생각만 했을 뿐 별 관심이 없었다. 그러다 논문 조작 사실이 밝혀지고「PD수첩」중단 사태가 터졌을 때 잠깐 인터넷을 뒤져봤지만, 그 역시도 중간에 시들해져 사태가 어떤 식으로 종결

되었는지도 몰랐다.

그러던 차에 공지영 작가의 추천을 받고 당장 서점으로 달려가 책을 사서 이틀 만에 다 읽어 버렸다. 이런 책을 만나면 세상에서 가장 재미있는 일이 책읽기라는 사실을 다시금 깨닫는다. 책 읽는 동안 친구도 만나고, 일도 했지만, 어떤 것도 제대로 손에 잡히지 않았다. 책이 읽고 싶어서.

황우석 사태 당시 인터넷이나 TV를 통해 알았던 파편적인 사실들이 한 줄로 쫙 꿰어지면서, 한 사람이 신화화되고 나면 그걸 무너뜨리기가 얼마나 어려운지 알게 되었다. 수많은 인간 군상들의 다양한 모습도 적나라하게 소개된다. 현실 세계는 TV 드라마나 영화 따위와는 비교할 수 없을 정도로 드라마틱하다.

연구원의 난자를 기증받는 일이 법적으로 금지되어 있는 이유는 연구원이 교수에게 불이익을 받을 수 있는 약자의 입장이기 때문이다. 황우석의 연구원들 역시 울며 겨자 먹기로 난자를 기증했다. 그렇게 힘들게 기증한 난자가 30대 난자여서 필요 없었다는 사실에 이르면 분노가 솟구친다.

'줄기세포 사진은 조작된 것'이라고 브릭 게시판에 올렸던 똑똑한 논객 중에는 지방에서 감자농사를 짓는 40대 아저씨도 있었다. 이런 분들이야말로 무림의 고수 아닐까?

당시 MBC 「PD수첩」이 "우리는 더 많은 사실들을 가지고 있습니다. 공개하겠습니다."라고 예고할 때 나는 솔직히 '사태가 이렇게 되니 급하게 뭔가를 만든 게 아닐까' 의심했었다. 그런데 이 책을 읽어

보니 방송은 장난이 아니었다. 아무것도 없으면서 그렇게 말할 수는 없는 것이었다. '민족', '국익'을 등에 업은 거대 권력 앞에 진실을 밝혀내겠다는 의지를 꺾지 않은 그들의 용기에 박수를 보낸다.

• • •
기아가 자연적으로 발생한다고?

기아 난민을 돕자는 TV 프로그램을 보고 있자면 죄책감에 깔려 죽을 것 같다는 이야기는 앞서 했다.

그런데 기아 문제에 단지 흉년과 전쟁과 식량이 부족한 것으로는 설명할 수 없는, 굉장히 복잡하고도 정치적인 이유가 얽혀 있다는 것을 『왜 세계의 절반은 굶주리는가?』(장 지글러 | 유영미 | 갈라파고스)라는 책을 통해 알게 되었다. 이 책은 UN에서 일하고 있는 분이 자기 아들에게 들려주는 형식으로 쉽게 풀어쓴 세계 기아에 대한 보고서다.

원래 자연계는 약육강식의 세계이고, 원시시대부터 사람은 사람을 죽이며 적정인구를 유지해왔기 때문에 기아도 전쟁처럼 적정인구를 유지하기 위한 자연발생적인 현상이라고 보는 '기아 자연발생설'을 나는 얼마간 믿고 있었다. 이게 불편함을 외면하고 죄책감을 덜기 위해 생겨난 말도 되지 않는 이론이라는 걸 이 책을 통해 확인하게 되었다. 그래! 이건 조금만 생각해보면 누구나 알 수 있는 사실이다.

순진하게도 나는 물류만 누가 책임져준다면 기아가 해결되지 않을까 생각한 적도 있다. 지구 한쪽에서는 식품이 남아돌고, 한쪽에서는 배고픈 아이들이 울고 있으니 그들을 연결시키는 배만 움직이면 된다고 생각했다. 이 책을 읽어보면 그게 얼마나 순진한 발상이었는지 알게 된다.

칠레의 아옌데 정부가 아이들에게 무상으로 분유를 공급하기 위해 네슬레에 돈을 주고 분유를 사오려고 했을 때 네슬레가 이를 거부하고, 결국 아옌데가 살해당하는 이야기를 읽으며 얼마나 소름끼쳤는지 모른다.

자본주의 시대에 정부란 일개 기업만도 못한 위치를 차지하고 있구나, 아무리 좋은 아이디어와 개혁하겠다는 마음이 있어도 이런 식으로 어이없게 세상은 돌아가고 있구나 싶어서 마음이 답답하다.

세계의 모순과 문제점을 생각하다 보면 결국 맨 끝에 가 닿는 것은 자본주의다. 자본주의만 아니라면 해결될 많은 것들이 자본주의 때문에 무너지고 파괴된다. 민주주의와 자본주의가 결코 같은 것이 아닌데 많은 사람들은 같은 것이라 착각한다. 신자유주의의 '자유'도 사실은 부자들의 자유, 돈의 자유인데, 인간의 자유로 착각되는 측면이 많다.

시간이 없는 분들은 우석훈과 주경복이 쓴 해제와 부록만 읽어도 좋겠다.

● ● ●

왜 우리는 더 행복해지지 않는 걸까?

기아가 문제라고는 하지만, 지난 세기와 비교해 기아의 수치는 매

우 낮아졌다고 주장하는 책도 있다. 『진보의 역설 : 우리는 왜 더 잘살게 되었는데도 행복하지 않은가』(그레그 이스터브룩 | 박정숙 | 에코리브르)는 오랜만에 노트 필기까지 해가며 읽은 책이다. 읽는데 몇 주나 걸렸지만, 많은 것을 배운 유익한 책이다.

부제처럼 '우리는 왜 더 잘살게 되었는데도 행복하지 않은가?' 하는 문제를 정면으로 다루고 있는 이 책은, 읽는 동안 좀 안심이 된다. 지구가 환경오염으로 곧 망할 것 같지만, 1920년대보다 공기는 오히려 좋아졌고, 기아 때문에 매일 수천 명의 아이들이 굶어 죽는다지만 그 수치는 지난 세기와 비교했을 때 매우 낮아졌다고 한다. 현대의 미국이나 유럽 중산층이 누리고 있는 부는 지난 세기 왕족들이 누리던 부보다 더 커졌으니 18세기 사람들이 열망했던 '유토피아'란 바로 지금의 세계다.

그런데도 사람들은 왜 더 행복하지 않을까?

정치가, 엘리트 지식인, 로비스트 등이 자신의 이익을 위해 실제보다 상황이 좋지 않다고 꾸며대고, 언론이 부추기는 것이 그 첫 번째 이유이며, 큰 문제가 해결되면서 따라오는 부수적인 작은 문제를 안달하는 '작은 그림의 횡포'가 두 번째 이유라고 한다. 예를 들어 식량 증산으로 전 지구인이 굶지 않고 살 수 있게 되었지만, 이에 따른 유전자 조작이 큰 문제로 떠오르는 식이다.

심리적으로는 '이미 잘 살기 때문에 발전할 미래가 없다'는 데서 오는 불안감, 스스로를 불쌍히 여김으로써 압박감에서 벗어나려는 욕구, 혼자 사는 사람이 많아지면서 대가족 시대보다 행복감을 덜 느끼는 '멋진 호텔방 요인' 등이 있다. 이 모든 것을 종합해 볼 때 '행복은 돈으로 살 수 없다' 는 사실은 진리임이 분명하다.

인간은 대체로 불평하는데 정말 뛰어나다. 우리를 세상에 태어나게 했다는 이유로 부모님에게 불평하고, 교육한다는 이유로 선생님에 게 불평한다. 고용했다고 상사에게 불평하며, 음식과 옷을 제공했 다는 이유로 상인에게 불평한다. 포용한다는 이유로 연인과 배우자 에게 불평하고 자녀들에게 함께 하자며 불평한다. 이 모든 일이 일 어나는 세상을 만들었다고 조물주에게 불평한다.

이 구절을 읽었을 때 얼마나 뜨끔하던지!
'사다리 걷어차기' 라는 개념도 이 책을 통해 알게 되었다.

사람들이 본질적으로 발전에 반대할 때 그 의미는 거의 항상 자신 들은 멋진 라이프 스타일을 획득했지만 이제 다른 사람들이 올라올 수 없도록 거기에 도달할 수 있는 사다리를 차버리겠다는 뜻이다.

저자는 현대인들, 특히 미국과 유럽의 중산층이 자신의 부를 약 간씩 포기하고 빈곤층을 도울 때(그저 선행을 의미하는 것이 아니다. 극 빈곤층에게 최저생계비가 지급되는 시스템을 말한다) 정서적 의미에서 '행복' 에 더 가까워지리라는 주장을 편다.
진보적인 독자가 읽으면 너무 보수적인 관점이 아닌가 싶을지도 모르겠다. 하지만 수치와 통계가 점점 좋아지고 있음에도 행복감을 느끼지 못하는 현대인들에게 유용한 주장이다. 사람들은 쉽게 불행의 늪에 빠진다. 그것이 가장 쉽고 편한 방법이기 때문이다. 불행을 털고 행복해지기 위해서는 '용서'와 '감사'의 마음가짐이 필요하다. 종교적인 이유에서가 아니라 스스로 행복해지려는 이기적인 이유에서 말이다.

chapter 04

사극을 좋아하지 않는 당신도
푹 빠질 이야기
• 역사 •

조선 왕 독살사건 | 칼의 노래 | 남한산성 | 궁녀
홀로 벼슬하며 그대를 생각하노라 | 꽃가치 피어 매혹케 하라 | 경성기담

내 주변에는 역사라는 말만 들어도 골치 아프다고 진저리치는 이들이 많다. 몇 년도에 무슨 사건이 있었다는 식으로 무조건 달달 외워야 점수를 받을 수 있었던 중·고교 역사 수업의 폐해라고 본다. 나도 임오군란, 갑신정변, 갑오개혁 따위가 섞여 나오는 시험지를 받으면 머릿속이 하애졌던 경험이 있다.

요즘은 사극을 챙겨보지 않지만, 어린 시절에는 「조선왕조 500년」을 엄마의 설명을 들어가며 보곤 했다. 아마도 내 최초의 에로틱한 기억은 장희빈이 숙종 앞에서 노리개부터 버선까지 차곡차곡

벗어 던지던 장면 같다. 맨살 한번 드러나지 않는데도, 관능적인 그 장면이 어찌나 인상적이던지! 이런 식으로 사극을 통하여 장희빈하면 전인화를, 장녹수하면 정선경을, 명성황후하면 이미연을 떠올리던 내가 이 여인들을 역사 안에서 파악하게 된 건 순전히 책을 통해서다.

● ● ●

목숨을 걸어야 했던 왕의 자리

권모술수가 난무하고 서로 죽이지 못해 안달하는 사극을 보면서 "대체 왜 저렇게 죽고 죽이는 건데?" 했었다. 그냥 조금씩 양보하고 다 같이 잘 살면 되지, 뭘 꼭 죽이고 죽어야 하는지 도통 이해할 수 없었다. 그런데 『조선왕 독살 사건』(이덕일 | 다산초당)을 읽고서야 그럴 수밖에 없었음을 깨달았다. 남을 죽이지 못하면 자기가 죽으니, 살기 위해 악독할 수밖에 없었다. 친자식을 죽이고, 수십 년 같이 산 남편을 죽이는 마당에 누가 누굴 믿으랴? 정권교체가 한 번씩 일어나면 최소 200명 이상의 사람들이 죽어나가니, 집권은 권력의 문제가 아니라 목숨의 문제였던 것이다.

하필 이 책을 읽을 때 나는 창덕궁 언저리에 살고 있었다. 달밤이면 창으로 창덕궁의 소나무 그림자가 일렁이고, 부엉이 소리가 들리는 곳이었는데, 늦게까지 책을 읽고 이부자리에 들면 어느 왕이 창덕궁에서 죽었다는 내용이 머릿속을 떠나지 않아 밤새 뒤척이곤 했다. 흡사 그 왕의 혼령이 창 밖에서 나를 내려다보고 있는 것 같았다.

이 책은 조선시대 임금 중 독살설에 휘말린 8명의 죽음에 대해 말한다. 그 중에서도 나는 소현세자, 정조, 고종의 죽음이 안타까웠다. 그들이 천명대로 살았더라면 분명히 우리나라가 바뀌었을 텐데…….

마지막 부분에는 '왜 조선 왕조에서는 독살설이 많았는가?' 라는 글이 실려 있는데, 이를 읽어보면 중국이나 일본과 다른 우리나라 조선왕조에 대해 알게 된다. 이 책 한권으로 「명성황후」, 「장희빈」, 「왕의 남자」, 「여인천하」 등 드라마와 영화에서 봤던 복잡한 왕가의 계보들이 한 번에 정리되었다.

현대사에서도 대통령이 임기 후에 멀쩡히 고향으로 돌아간 건 1년밖에 안 됐다. 암살당한 대통령, 하야한 대통령, 망명한 대통령, 옥살이한 대통령, 참 파란만장하기도 하다. 『조선왕 독살사건』을 읽고 나면 오늘날 대통령들의 말로가 이런 것도 조선시대부터 내려온 유서 깊은 전통(?)으로 느껴져서 씁쓸하다.

● ● ●

역사란 결국 사람 이야기

역사책은 케케묵은 고릿적 이야기가 아니다. 사람 사는 모습은 예나 지금이나 비슷해서, 옛날이야기들을 읽다 보면, 요즘 내가 하는 고민에 대한 해답을 얻을 때가 많다.

직장생활하면서 처음으로 누군가를 내 손으로 잘랐다. 팀장으로

서 어쩔 수 없는 결정이었지만, '드디어 손에 피를 묻혔다'는 느낌
은 아주 고약했다. 그렇게 밖에 할 수 없었는가 하는 회의와 사람
하나 관리하지 못한 내 무능력에 실망했다. 나간 직원과 친하게 지
냈던 팀원들은 하하, 호호 떠들다가도 내가 나타나면 하던 이야기
를 멈췄고, 사무실 분위기는 살벌하기 그지없었다.

　나는 매일 아침마다 때려치울까, 다닐까를 고민했다. 윗사람의
반대를 무릅쓰고 사람을 내보낸 마당에 나까지 나가겠다고 하면 그
야말로 무책임한 사람이 되기 때문에 무슨 일이 있어도 다녀야 했
지만, 사무실 동료들의 적대감을 감당하기는 어려웠다. 내 편이 아
무도 없었다. 회사에 오면 종일 입 다물고 일만 하다가 퇴근했다.
이래서 사람들이 자살을 하는구나 싶었다. 그러던 어느 날, 잡지에
서 소설가 김훈의 인터뷰를 보게 되었다. 그리고 그 인터뷰에서 이
순신이 쓴 『난중일기』의 한 구절을 보았다.

　한 놈이 군율을 어겼다.
　놈이 거듭 군율을 어겼다.
　베었다.
　머리를 걸었다.
　오후에 바다는 물결이 높았다.
　노을은 붉었다.

눈물이 뚝 떨어졌다. 5백 년 전 남해 바닷가에서 이순신도 나와

같은 심정이었구나! 바다의 물결이 높았고, 노을이 붉었다는 말을 이렇게 절절히 이해하게 될 줄은 몰랐다.

그 인터뷰를 보고 도서관에서 『난중일기』를 빌려왔지만, 생각보다 읽기가 만만치 않아, 결국 김훈의 『칼의 노래』(김훈 | 생각의나무)를 읽게 되었다. 읽어보니 대통령을 비롯한 온 국민이 칭찬하는 이유를 너무나 잘 알겠다. 이런 식의 소설은 태어나 처음이다.

역사 소설이라면 으레 많은 사람들이 등장하고, 전지적 작가 시점인데다, 과장과 특유의 비유법이 난무할 것이라고 짐작했는데, 『칼의 노래』는 전혀 다른 역사소설이었다. 이순신 자신이 화자이며, 군더더기 없이 사실만을 담담히 나열하는데도 화자의 마음이 와 닿는 소설이었다.

임진왜란으로 『칼의 노래』를 쓴 김훈은 이어 병자호란을 배경으로 『남한산성』(김훈 | 학고재)도 썼다. 청이 쳐들어온다는 소식에 강화도로 피난 가려다 길이 막힌 선조 일행이 40여 일 간 남한산성에 갇혀 버틴 이야기다.

우리는 병자호란이 전쟁이려니 막연히 추측하지만, 그때의 전쟁이란 추위 속에서 홑옷 입고 짚신 신고 버티는 것, 먹을거리는 없는데 하루 세끼 때마다 백성과 군인을 먹여야 하는 것, 겨울 날씨에 얼지 않도록 비바람을 막아줘야 하는 것이라는 사실까지는 모른다. 이 소설은 그 시대의 전쟁이 어떤 것이었는지 보여준다.

김훈의 문장은 사람을 아프게 한다. 아픈 것도 칼에 푹 찔리는 느낌이 아니라 잘 드는 검으로 스윽 베어내는 것 같다. 그런 문장 안에 삶과 역사와 진실이 녹아있으니, "『칼의 노래』는 훔쳐서라도 보라."고 했던 누군가의 찬사가 괜한 말이 아니었음을 알게 된다.

● ● ●

궁녀에게는 하녀가 있었다

독살을 당했지만 왕이고, 백척간두 위에서 위태로웠지만 이순신이다. 그들에게는 이름이 있었고, 역사적인 사료도 남아 있어 돌이켜 보자면 얼마든지 찾아내어 칭송할 거리가 있다. 그러나 이름도 얻지 못하고 언제 태어났는지 언제 죽었는지 모르지만, 없어서는 안 되는 인물들이 역사에는 많고도 많다. 그 중에서도 근래 조명받기 시작한 사람들이 궁녀다.

신명호의 『궁녀』(신명호 | 시공사)는 얼마 남아있지 않은 조선시대 사료들을 뒤지고, 구한말 마지막 궁녀들의 증언을 채록하여 연구한 인문학 서적이다. 궁녀의 일상생활, 왕을 쥐고 흔든 궁녀들, 궁녀의 변천사까지 잘 나와 있어 재미있게 읽을 수 있다.

왕과 비는 암살에 대비하여 8칸의 처소 중에 수시로 옮겨 다니며 잤다고 한다. 왕과 비가 자는 한 곳을 뺀 나머지 7칸의 방에는 궁녀들이 잤다. 이렇게 숙직을 한 궁녀들은 이틀을 쉬고 다음 근무를 했으며, 보통은 12시간 일한 후 다음날 쉬는 격일제 근무를 했다고 한다.

게다가 궁녀들은 하루 일이 끝나 자신의 침소에 돌아오면 하녀들을 부렸다. 우리가 잘 아는 무수리는 궁녀가 아니라 궁녀의 하녀였다. 궁녀의 하녀로는 무수리, 취반비, 수모, 방자 등이 있었다. 직장에서 종일 일하고 집에 와서는 청소, 빨래, 밥, 육아까지 도맡아야 하는 요즘의 워킹맘들 보다 훨씬 나은 근무환경이 아닌가?

● ● ●

조선시대 여성은 대접 받았다

궁녀들의 근무환경에 놀란 데 이어, 양반 사대부 부인들의 위상에 대해서도 『홀로 벼슬하며 그대를 생각하노라』(정창권 | 사계절)를 읽고 놀랐다.

조선시대 양반 묘소에서 부인이 남편에게 '자네' 라는 호칭을 쓰며 애끓는 정을 표현한 편지가 발견되었다. 요즘도 남편을 '자네' 라고 부르기는 힘든데, 조선시대에? 그 편지가 발견되고 얼마 안 되어 『홀로 벼슬하며 그대를 생각하노라』를 읽게 되었다. 이 책은 홍문관 대제학까지 지낸 미암 유희춘이 쓴 『미암일기』를 토대로 저자가 여러 가지 설명을 달아 읽기 쉽게 편집한 책이다.

미암과 그의 처 송덕봉이 살았던 16세기는 남자가 여자의 집으로 장가가는 일이 많았고, 딸과 아들의 재산 상속이 공평했으며, 외손과 친손을 구분하지 않는 시대였다. 성리학이 체계 잡히지 않아 고려 시대의 전통이 남아 있었고, 임진왜란 이전이라 남존여비 사상이 확립되지도 않았다.

당시에는 집안일이 요즘처럼 3~4명 핵가족에 청소, 빨래, 밥 짓기 등으로 국한되는 것이 아니라, 최소 20명에서 많게는 100명 이상의 인원을 통솔하며 옷 짓기부터 집짓기까지 광범위하여 집안에서 여자의 위상이 높았다. 사대부 집안의 경우 남편은 관직에 진출하거나 공부한다고 집을 비우는 경우가 많았기에 더욱 그랬다.

이 책에서 배꼽 잡으며 읽었던 부분은 미암이 환갑 넘어 타향에서 관직을 살면서 3개월이 넘도록 여자와 잠자리를 하지 않고 당신 생각만 하며 살고 있으니 얼마나 대단한가 자랑하는 편지를 보내자, 그의 처 송덕봉이 "나이 육십이 넘었으면 자제하는 게 당연하다. 자랑할 일이 아니다. 나는 당신이 부재중일 때 시부모 상을 3년간 극진히 지냈다. 자랑은 이런 때 하는 거다."라고 답장을 보낸 에피소드다.

금슬 좋은 부부가 백년해로 한다는 게 어떤 건지 보여준다. 우리 역사의 어떤 부분은 이럴진대, 왜 사람들은 조선 양반문화가 그저 엄숙하기만 했으며, 남존여비가 한국의 전통이라고 하는 걸까?

● ● ●

일제치하에도 사람들은 살았다

나는 역사책들 중에서도 근현대사를 좋아한다. 중고등학교 시절 배우는 역사는 거의 고대사이고, 근대사는 일제 치하다 보니 독립운동에 치우쳐 있어 재미가 없었다. 하지만 학교를 졸업하고 접한 근현대사 책은 새로운 세계를 보여주었다.

2000년대의 카피라이터로서 나는 『꽃가치 피어 매혹케 하라』(김태수 | 황소자리)를 읽고, 1920년대 광고제작자들에게 항복했다. 카피라

이터입네' 하고 다녔던 것이 부끄러워졌다. 개화기(1910~1940년대)의 신문 광고를 모아 종류별로 싣고, 당시의 생활상을 논하는 이 책에는 지금보다 훨씬 센스 있고, 코믹하고, 좋은 카피들이 넘쳐 난다.

'강철은 부서질지언정 별표 고무는 찢어지지 아니한다' (고무신)
'입신의 기초이며 출세의 자본이라' (영어)
'포켓트에 너흘 수 있는 호화로운 식탁' (과자)
'경제계의 대복음, 이발계의 혁명' (바리캉)
'밤의 쾌락을 맛볼랴는 남녀에게 권함' (포르노그라피)

놀랍지 않은가?

이 광고들과 함께 소개되는 당시의 생활상도 흥미진진하다. 단발령 때문에 자결하는 사태가 벌어지고 10년도 지나지 않아 이발소가 흥할 정도로 조선 민족이 유행에 민감했고, 택시 운전수가 지금의 파일럿처럼 최첨단 직업으로 각광 받았다.
여학교들은 쓰개치마를 폐지하자 자퇴생들이 늘어 궁여지책으로 양산을 활용했고, 경성의 도로가 비포장 진흙길이었기 때문에 외세의 침입에도 살아남았다. '카피라이터'라는 용어도 없던 시절, 이런 광고를 만든 분들께 존경을 보낸다.

1930년대를 소재로 글을 쓰는 분 중에서 요즘 가장 날리고 있는 저자가 KAIST의 전봉관 교수다. 1930년대 신문과 잡지를 이용해 이 시대의 이야기를 픽션처럼 재미있게 극화하여 보여준다.

『경성기담』(전봉관 | 살림)은 제목 그대로 경성의 기이한 이야기들이다. 1930년대 신문과 잡지 등을 뒤져 당시에 서울을 흔들었으나 역사에는 1줄 이상 기록이 남지 않은 사건들을 추적해 모아놓았다. 소설+다큐 형식이라 흥미진진하게 읽힌다.

주인공들의 얼굴 사진이 나오기도 하고, 그때 사건이 일어났던 곳이 지금은 어떻게 변해 있는지 사진이 실려 있어 비교해보는 재미도 쏠쏠하다. 각 사건의 끝에 붙여놓은 저자의 생각과 책 끝머리에 써놓은 글을 읽어보면 남성인데도 여성의 삶에 대해 이야기하는 태도가 무척 마음에 든다.

『경성기담』에 나온 이야기 중 연극으로 만들어진 것이 제일 처음에 나오는 '죽첨정 단두유아 사건'이다. 머리가 없어진 아기 시체가 발견되어 총독부에서 수사를 맡고, 한 달간 경성이 시끄러웠던 사건이다.

오싹한 첫 사건에 이어 400여 명이 죽은 사이비 종교 백백교, 박희도 교장의 여제자 정조 유린 사건, 한국 최초의 스웨덴 유학생 최인숙의 인생유전 등이 소개된다.

그 중에서 가장 놀라웠던 것은 '빚'과 관련된 이야기들. 우리나라가 빚에 관대하다는 건 익히 알고 있었지만, 구한말 귀족들의 빚은 규모가 대단했다. 순종의 장인이었던 윤택영은 50만 원 이상의 빚을 졌다는데, 요즘 돈으로 환산하면 500억 원이라고 한다. 5억도 아니고, 50억도 아니고, 500억!!

이런 아버지와 오빠를 둔 순종비는 얼마나 힘들었을까? 자신이 빚을 내 흥청망청 써놓고는 딸에게, 사위에게, 심지어는 조선총독부에 자기 빚을 갚아달라고 읍소했다니, 뻔뻔하다고 해야 할지 용감하다고 해야 할지!

일본은 식민지 지배를 효과적으로 하기 위해 왕의 친척들과 고위 관료들에게 귀족 칭호를 내리면서 돈을 엄청나게 쥐어줬다고 한다. 그런데 저자의 조사에 따르면 친일파 중 해방 때까지 재산을 가지고 있었던 사람들은 거의 없다고 한다. 누군가에게 빼앗긴 게 아니라 흥청망청 써서 다 날렸다. 그러니 요즘 유행처럼 번지고 있는 친일파 후손의 재산 찾기란 코미디 아닌가? 재산도 없으면서 되찾기를 바라다니!

part 4

쉼
Weekend

여행에서 느끼는 감정들은
언제나 이렇게 날이 서 있다.
기차가 달리는 동안
샘물처럼 좋은 생각들이 계속 흘러나와서
끊임없이 메모하느라 늘 시간이 모자랄 지경이다.
그저 창밖만 보고 있어도
멋진 그림책을 후다닥 넘기는 것 같다.
커피 한잔 주문해놓고 노트를 하다가
잠도 좀 자고 풍경도 보고 엽서도 한 장 쓰고…
음, 기분이 점점 근사해진다.

- 기차를 놓치고 천사를 만났다(백은하)中 -

chapter 01

하루 종일 이불 밖으로
나가기 싫은 날 읽는 책
• 스릴러 및 서사소설 •

내 이름은 빨강 | 장미의 이름 | 다빈치 코드
스밀라의 눈에 대한 감각 | 13계단 | 낙원 | 고래

약속이 없는 주말, 창밖에 비바람이라도 친다면 이불 속에서 나오기 싫다. 이런 날은 골치 아픈 책은 제쳐 놓고, 오징어나 씹으면서 순식간에 빨려 들어가 후루룩 읽을 수 있는 소설이 제격이다.

소설가 김영하는 궁극의 독서법으로 그 책의 배경이 된 장소에 가서 책 읽기를 권한다. 영국 요크셔의 히스 절벽 위에서 『폭풍의 언덕』을 읽는다거나, 너른 하동벌을 바라보며 『토지』를 읽는 것은 모든 책벌레들의 로망이자, 세상에서 가장 사치스러운 독서법이다.

그가 터키에 가서 읽으라고 권했던 터키 소설 『내 이름은 빨강』

(오르한 파묵 | 이난아 | 민음사)의 첫 문장은 이렇게 시작한다.

> 나는 지금 우물 바닥에 시체로 누워 있다. 마지막 숨을 쉰 지도 오
> 래되었고, 심장은 벌써 멈춰 버렸다. 그러나 나를 죽인 그 비열한
> 살인자 말고는 내게 무슨 일이 일어났는지 아무도 모른다. 그자는
> 내가 정말로 죽었는지 확인하려고 숨소리를 들어보고 맥박까지 확
> 인했다.

이런 도입이라면 방구들을 지고 누웠다가도 벌떡 일어나 앉지 않
을까?

• • •

종교와 예술이 어우러진 지적 스릴러

오르한 파묵은 터키 작가로 몇 해 전에 노벨문학상을 받았다. 터키
문학을 접해 본 적이 없을뿐더러 터키라고 하면 2002년 월드컵에
참가했다는 정도만 알고 있었던 나에게 『내 이름은 빨강』은 이색적
이면서도 재미있는 스릴러였다.

'아담과 이브' 처럼 모두 아는 이야기 대신 '휘그레브와 쉬린' 같
이 생전 처음 들어보는 터키신화를 대하는 것은 부담스럽지만, 모
르는 것들을 하나씩 알아가며 읽다 보면 덤으로 인문학적 재미까지
얻게 된다.

『내 이름은 빨강』은 책에 금박을 입히는 남자의 살인사건을 둘러

싸고, 술탄과 화원장과 책 만드는 사람 사이의 알력 싸움, 이스탄불 최고의 미녀를 사이에 둔 사내들의 암투, 세밀화가들의 이야기가 얽혀 있다.

각 장마다 화자가 바뀌고, 심지어는 살해당한 시체나 살인자, 그림 속의 개가 이야기를 해서 처음에는 정신이 없지만, 적응하고 나면 장이 바뀔 때마다 이번에는 누구의 이야기일까 기대하며 읽게 된다.

살인자는 처음부터 자신이 살인자라고 내놓고 말하지만, 영화가 아니기에 모습을 볼 수 없고, 이름도 가르쳐주지 않아 독자들은 마지막에 가서야 살인자가 누구인지 알게 된다. 범인이 밝혀지고 난 뒤에는 이 작가의 위트에 또 한 번 웃을 기회가 온다. 그건 보너스!

미스터리와 서사, 지적인 재미가 고루 섞인 소설의 시초라면 단연 『장미의 이름』(움베르트 에코 | 이윤기 | 열린책들)을 꼽을 수 있다. 세계적인 기호학자인 움베르트 에코가 자신의 전문분야인 기호학을 소재로 지적 쾌락의 정수를 제공한다.

대학 다닐 때 『영원한 제국』이 베스트셀러가 된 적이 있다. 정조 암살 미스터리를 소재로 쓴 소설이었는데, 이 소설이 움베르트 에코의 『장미의 이름』을 베꼈다는 소문이 파다했다. 당시에는 이인화의 책을 워낙 재밌게 읽었기 때문에 듣고 넘겼는데, 『장미의 이름』을 읽어보니 단지 배경만 조선시대로 바꾸었을 뿐 거의 모든 설정과 내용이 똑같아서 배신감을 느꼈다. 한편으로는 『장미의 이름』이 참으로 대단한 소설이라는 생각도 들었다.

수도원에 들어간 수도사와 수련생이 연쇄살인 사건을 풀어가는 이 소설은 책장이 쉽게 넘어가는 책은 아니다. 대화와 토론, 환상체험 등 읽는데 노력이 필요한 에피소드들이 수두룩하다. 그럼에도 불구하고 이 모든 괴로움을 이기며 읽다 보면 지루한 대화와 토론이 나중에 추리의 단서로 이용되므로, 읽은 보람이 있다.

요한계시록과 살인 사건을 결부시킨 추리, 장서관의 미궁들이 과학을 심술궂게 변용시켜 놓은 함정이라는 것, 거기에 중세 수도원의 암울한 분위기와 갖가지 비행들이 드러나며 연쇄살인의 전모가 드러나는 구성은 가히 천재적이다.

중세 교황과 황제가 어떤 연유로 척지게 되었는지, 마녀재판은 어떻게 진행되었는지에 관해서도 상세히 적혀 있어 중세시대에 관심을 가지고 있는 분들이나 기독교인들에게는 흥미로울 것이다. 숀 코넬리와 크리스찬 슐레이터가 출연한 영화로도 만들어졌는데, 이해하기는 영화 쪽이 훨씬 쉽지만, 이야기의 진수를 맛보려면 책이 낫다.

영화로 만들어진 「다빈치 코드」는 실망스러웠다. 책을 워낙 재미있게 읽었던 터라 영화를 개봉하는 날 봤는데, 이렇게 긴장감 없는 스릴러가 있나 싶었다. 혹시 긴장감 없는 영화에 실망했다면 책으로 읽기를 당부한다. 영화를 보지 않았다면 더더욱 책을 추천한다.

『다빈치 코드』(댄 브라운 | 양선아 | 베텔스만코리아)를 빌려주었던 언니는

책을 건네며 "네가 부럽다. 이 재미있는 책을 읽을 기회가 남아있다니."라고 했다. 이미 이 책을 읽어버린 나도, 아직 『다빈치 코드』를 읽지 않은 사람들이 부럽다.

루브르 박물관장이 박물관 안에서 벌거벗은 시체로 발견된다. 그는 도형 안에 어떤 메시지를 남겼고, 그 메시지에 언급된 기호학자가 범인으로 지목된다. 그가 범인이 아니라는 것을 아는 박물관장의 손녀가 기호학자와 힘을 합쳐 이 죽음의 비밀을 파헤친다.

오푸스데이, 시온기사단 등 중세와 종교를 엮어놓은 솜씨는 『장미의 이름』과 비슷한데, 좀 더 대중적이라 한번 손에 잡으면 끝까지 놓기 힘들다. 1권은 흥미진진하여 책장을 넘기는 손이 다 떨릴 지경이지만, 2권에서 다소 맥이 빠진다.

이탈리아 여행을 다녀온 뒤에 이 책이 출판된 것이 아쉬웠다. 그곳에 가기 전에 이 책을 읽었더라면 다빈치의 「최후의 만찬」을 내 눈으로 꼼꼼하게 살펴봤을 텐데…….

● ● ●

이색적인 과학 스릴러

『스밀라의 눈에 대한 감각』(페터 회 | 박현주 | 마음산책)은 우리나라에서 드문 덴마크 소설이다. 북유럽 소설인데다 500페이지가 넘는 분량 때문에 지레 겁먹을 수도 있지만, 시간 많은 날 작정하고 펼치면 단숨에 빠져든다.

그린란드인의 피를 받아 눈(雪)에 예민한 감각을 가지고 있는 40

대의 여자 스밀라는, 아랫집에 살던 소년이 지붕에서 추락사하자, 지붕 위 눈의 흔적을 보고 소년이 누군가로부터 급하게 달아나다 추락했다는 것을 직감한다. 소년에 대한 우정으로 이 죽음의 비밀을 파헤치던 스밀라는 점점 더 큰 음모에 휘말리게 된다.

추리소설 치고는 군데군데 사려 깊은 문장들이 마음을 끈다.

인생이 복잡해지는 것은 우리가 선택을 해야만 하기 때문이다. 앞으로 떠밀리는 사람은 단순하게 산다.

나는 사람들이 진정으로 냉담해질 수 있다고 믿지 않는다. 긴장할 수는 있겠지만 냉담해질 수는 없다. 삶의 본질은 온기다.

죽음이 나쁜 것은 미래를 바꿔놓기 때문이 아니다. 우리를 기억과 함께 외로이 남겨놓기 때문이다.

이같이 마음이 얹히는 문장들이 스밀라의 독백을 통해 전달된다. 그러니까, 이 책은 일반 스릴러물처럼 내달리듯 읽기보다는 호흡을 조절하며 읽어가야 한다.

"내가 어렸을 때, 캐터필러 바퀴가 달린 태엽 감는 탱크가 하나 있었어요. 그 탱크를 다른 물건 앞에 놓아두면 낮은 속도로 그 물건을 타고 넘어가죠. 물건이 수직으로 놓여 있으면 탱크는 방향을 돌려서 타고 넘어갈 수 있는 다른 길을 발견할 때까지 가장자리를 기어다닙니다. 멈출 수가 없죠. 당신은 그 탱크 같아요, 스밀라. 이 일에서 손 떼기로 되어 있었지만, 계속 참견했죠. 당신은 코펜하겐에 남아 있기로 했지만 갑자기 배 위로 뛰어올라갔어요. 사람들이 당신을 가뒀죠. 그건 내 생각이었어요. 그래야 당신이 안전할 것 같아서. 사람들은 문을 잠갔어요. 그게 스밀라의 끝이에요. 그런데 갑자기 당신은 다시 밖으로 나왔어요. 계속 튀어나오면서요. 당신은 그 탱크 같아요, 스밀라."

"내가 어린아이였을 때는 말이죠" 나는 말했다. "아버지가 곰 인형을 하나 사줬어요. 그때까지 우리에겐 직접 만든 인형밖에 없었죠. 그 곰 인형은 일주일 정도 갔어요. 처음에는 더러워지더니 나중에는 털이 빠지더군요. 구멍이 나고 속이 비어져 나왔어요. 속이 없으니 안은 텅 비더군요. 당신은 그 곰 인형 같아요, 푀일."

아아, 이렇게 조용조용 서로의 정곡을 후벼 파는 대화라니! 스밀라라는 여성의 캐릭터가 멋진 이 소설도 「센스 오브 스노우」라는 제목으로 영화화되었는데, 책이 100배쯤 낫다.

● ● ●

사회파 일본 추리소설
우리나라에서는 추리소설이 본격 문학으로 인정받지 못하는 추세지만 이웃 일본에는 에드가 앨런포의 이름을 딴 '에도가와 란포

상'이 있을 정도로 추리소설이 대접받고 있다. 그 상을 수상한 『13계단』(다카노 가즈아키 | 전새롬 | 황금가지)은 사형제도에 대해 다시 생각하게 만드는 묵직한 주제의식이 돋보이는 소설이다.

인터넷에서 "이 소설을 읽고 나면 『우리들의 행복한 시간』이 우스워진다."라는 평을 본 뒤, 『우리들의 행복한 시간』의 열렬한 팬인 나는 얼마나 대단한 소설인가 싶어 이 책을 찾아 읽게 되었다.

사카키바라는 노부부를 잔혹하게 살해해서 사형선고를 받았다. 하지만 살해 전후 4시간가량의 기억이 완전히 없다. 살인에 대한 기억이 없는 상태로 사형을 당하자니 억울하던 그가, 사형을 앞두고 계단을 내려갔던 단편적인 기억을 간신히 건져낸다.

퇴직을 앞둔 교도관 난고와 가석방된 준이치는 익명의 의뢰를 받고 사카키바라의 살해사건을 다시 조사한다. 조사할수록 사건은 점점 흥미진진한 국면으로 접어든다.

두고 보자는 마음은 어디론가 사라지고, 나는 이 소설에 무릎을 꿇었다.

교도관으로 사형의 필요성에 확신이 있었던 난고는 2번의 사형집행을 통해 확신을 잃어버리고, 평생 죄책감에 시달리며 불면증을 선물로 받는다. 공지영이 '우리는 누군가 대신 해주기 때문에 사형에 찬성한다'고 했던 바로 그 부분이다.

준이치는 우발적인 실수로 살인을 저지르지만 알고 보면 훨씬 더 복잡한 사연을 가지고 있어 사형제도에 희생당하는 사람은 사형수만이 아니라는 사실을 알려준다.

일본에는 추리소설을 쓰는 여성작가가 많다. 이들이 쓰는 소설은 성별을 모르고 본다면 당연히 남자가 썼을 거라 짐작될 정도로 선이 굵다. 그 중 미야베 미유키는 '미미여사'라는 별명이 있는 일본 추리소설계의 대모이다.

미미여사의 최신작 『낙원』(미야베 미유키 | 권일영 | 문학동네)은 그녀의 대표작인 『모방범』 9년 후의 이야기다. 개인적으로 나는 3권이나 되는데다 설교조의 설명이 가득한 『모방범』보다는 『낙원』이 좋았다.

부모가 딸을 죽여 마루 밑에 묻어놓고 살다 16년 후 집이 불타자 경찰에 자수한다. 공소시효가 지나 부모는 풀려나지만, 그들의 딸이 프리라이터 시게코에게 부모님이 왜 언니를 죽였는지 파헤쳐달라는 의뢰를 한다. 시게코는 9년 만에 또다시 살인사건을 조사하게 된다.

이 책을 읽고 나면 왜 미미여사를 사회파 스릴러의 대모라고 하는지 알 것 같다. 사회에 폐만 끼치는 문제투성이 사악한 인간이 가족 중에 있다고 하자. 그를 가족으로 끌어안을 것인가? 내팽개칠 것인가?

미미여사는 문제투성이 인간을 죽여버린 부모와 무조건 덮어주고 무마하는 부모를 대비시켜 이 문제가 섣불리 대답할 수 없는 어려운 문제라는 사실을 보여준다. 그러면서도 무지렁이 같은 50대 여인을 통해 자신의 삶은 힘들었지만, 그걸 극복하고 사랑으로 살아가는 사람도 있다는 사실을 일깨워 줌으로써 인간에 대한 따뜻한 시선을 잃지 않는다.

세상 어떤 이야기와도 닮지 않은 이야기

우리나라에도 괴물 같은 소설이 있다. 『고래』(천명관 | 문학동네)는 분류하기 난감한 소설이다. 비밀을 가지고 출발하지만 추리소설로 보기 어렵고, 그렇다고 대하소설이라 하기에는 이제껏 나온 대하소설류와 느낌이 판이하게 다르다. 군이 이야기하자면 세상의 어떤 소설과도 비슷하지 않다고 할까? 어떤 비평가는 "우리나라 소설에 전혀 빚지지 않았다. 오히려 남미의 환상적 리얼리즘 소설과 비슷하다."고 평했다.

산골 마을에서 생선장수의 차를 타고 부둣가로 온 금복이 여러 남자를 거치며 아이를 낳고, 인생유전을 겪다가 어느 비가 쏟아지는 날, 횡재하여 벽돌공장을 차리고, 평대에 고래 같은 극장을 짓고, 결국엔 남자로 거듭나 미모의 수련을 사랑하는 이야기가 금복에 대한 1장.

세상에서 가장 추한 몰골을 한 노파가 반편이의 자식을 낳아 애꾸눈으로 만들고 세상에 믿을 건 돈 뿐이라는 믿음으로 평생 돈을 긁어모으지만 써보지도 못하고 죽는 이야기가 소설 전체를 이끌어가는 또 1장.

금복이 낳은 벙어리 딸 춘희가 못생긴 노파의 복수극에 휘말려 고래 극장을 태우고, 교도소에서 10년 동안 살다가, 다시 벽돌공장에 돌아와 트럭 운전사와 살다 비극적으로 생을 마감하는 이야기가 1장.

서로 연관되지 않는 것처럼 보였던 인물들이 겹겹이 애증과 복수를 깔고 3대를 가는 이야기다. 문장을 끊지 않고 이어 붙여 숨 쉴 틈 없이 써내려간다든가, 변사처럼 인물을 부연 설명하는 등 문체도 독특하고, "혹시 이 사람을 잊은 건 아니겠지?"하며 독자의 기억을 환기시키기도 한다. 소설을 읽는다기 보다는 변사에게서 이야기를 듣는 느낌이다.

　작가가 시나리오작가 출신이라 그럴까. 읽는 족족 비주얼이 상상되어 더욱 좋다. 당분간 한국에서, 아니 세계 어디에서도 이런 소설 만나기 쉽지 않을 것이다.

책으로 여행하는 법

• 여행기의 고전 •

나는 영화 「노팅힐」을 좋아한다. 영화관에서 처음 볼 때도 좋았지만, 이후 베껴 쓰느라 비디오를 수백 번 돌렸다 감았다 하며 볼 때도 좋았고, 모든 장면을 외운 후 어쩌다 TV에서 마주쳐도 다시 볼 만큼 좋아한다.

「노팅힐」에서 휴 그랜트는 여행 전문서점을 운영하고 있다. 이 영화를 볼 때까지만 해도 나에게는 여권이 없었다. 당연히 해외여행 한 번 나가본 적이 없었다. 그런데도 런던의 노팅힐 어느 모퉁이에 있다는 그 서점 같은 여행 전문서점을 꾸리는 것이 나의 꿈이 되었다.

그저 꿈만 꾸고 있던 어느 날, 익숙한 홍대 앞길에서 여행 전문서점을 발견했다. 그때의 내 기분이란! 내가 상상만 하던 것을 누군가는 먼저 실행에 옮겼구나 하는 낭패감을 느끼면서도 발길은 자연스럽게 서점 안으로 들어가고 있었다.

규모는 내가 상상했던 것처럼 자그마한데, 여행 전문서점이라고 하기에는 초라한 구성이었다. 꽂혀 있는 여행서라곤 『론리 플래닛』 아니면 『저스트 고』 시리즈가 전부였다. 알고 보니 어느 여행사에서 운영하는 곳으로 여행 상담 온 손님들을 접대하는 공간에 책을 진열한 정도였다. 그 서점을 나오면서 아직도 내가 꿈꾸는 여행 전문서점은 여기 없다는 안도감으로 가슴을 쓸어내렸다.

● ● ●

아, 웃다 죽을 여행기여!

만약 내가 여행 전문서점을 만든다면, 여기 소개하는 책들은 가장 좋은 위치에 놓을 것이다. 어느 분야에나 고전은 있기 마련! 여행기에도 당연히 고전이 있다.

『나를 부르는 숲』(빌 브라이슨 | 홍은택 | 동아일보사)은 『이우일 현태준의 도쿄 여행기』, 『여행자의 로망 백서』 등에서 언급되었던 책으로, 여행깨나 한다는 사람들에게 진짜 여행자로 추앙받고 있는 빌 브라이슨이 썼다. 뚱뚱한데다 알코올 중독 경력이 있고 말도 지지리 듣지 않는 친구 카츠를 데리고 미국 동부 애팔래치아 트레일에 도전한 여행기다.

애팔래치아 트레일은 2천 킬로미터가 넘는 숲길로, '숲'이라면 기껏해야 산림욕장 정도를 생각하는 우리에겐 낯선 야생의 숲이다. 그곳에서는 저녁 먹은 설거지를 바로 해치워야 한다. 저녁 설거지를 그대로 쌓아두고 잠들면 밤새 곰이 나타나 텐트 몇 동 정도는 눈 깜짝 할 사이에 그 큰 앞발로 쓸어버릴지도 모르기 때문이다.

노루가 호수에서 물 마시는 장면 같은 건 수시로 볼 수 있다. 울퉁불퉁한 돌바닥과 축축한 이끼, 며칠씩 샤워는커녕 얼굴도 못 씻는 환경은 애팔래치아 종주를 결심했으니 감내해야 할 부분이지만, 인내력 없고 투덜대는데다 체력까지 약한 친구 카츠는 대단한 장애물이다. 만약 나에게 그런 친구가 따라붙었다면, 나는 무슨 수를 내서라도 떼어버리고 혼자 여행했을 것 같다. 하지만 성격 좋은 빌 브라이슨은 욕을 해대면서도 카츠를 달고 가고, 그 덕분에 읽는 사람들은 더 재미있는 이야기와 황당한 에피소드를 즐길 수 있다.

빌과 카츠는 애팔래치아 트레일을 완주하지 못한다. 하지만 그들은 그 길 위에 서 있다. 그래, 꼭 다 가야 맛은 아니다. 이 요절복통 여행기를 읽고 나면 애팔래치아는 관두고서라도, 백두대간이나 지리산 종주를 하고 싶다는 생각이 든다. 그것도 아주 심각하게.

• • •

미국 횡단 여행의 고전

『찰리와 함께한 여행』(존 스타인벡 | 이정우 | 궁리)은 미국 관련 여행기를 읽다 보면 자주 등장하는 책이다. 1965년에 나온 책이니 미국 여행

기의 고전이라고 해도 손색이 없다. 존 스타인벡은 알다시피 『분노의 포도』를 쓴 소설가. 나는 존 스타인벡의 소설을 거의 읽어보지 않아서 이 여행기를 읽을까 말까 고민했다. 미국 사회주의 리얼리즘의 대가가 쓴 책이라 어쩐지 심오하고 머리가 아플 것 같았다.

그런데 편집자의 말을 보고서 읽기로 결심했다. 이 책은 1965년에 『아메리카 초상』이라는 제목으로 나왔던 것을 2006년에 재출간한 것으로, 번역가 이정우 선생이 이미 작고하셔서, 그의 아들이 재출간에 부쳐 편지를 보내왔다.

그 편지에 따르면 아버지가 타자기로 영문을 쳐서 직접 존 스타인벡에게 몇 번이나 편지를 보내 '이렇게 번역하려는데 괜찮겠습니까?' 해서 보름씩 답장을 기다려 번역하셨다고 한다. DHL도 없던 시대에 국제우편으로 편지를 주고받은 정성이라니! 그런 정성들인 번역을 읽어보고 싶었다.

존 스타인벡이 이미 소설가로 명성을 떨치던 50대 중반에 협찬받은 트럭(로시난테)을 타고, 개(찰리) 한 마리와 함께 미국을 횡단한 이 여행기는 유머러스하면서도 문학작품 뺨치게 멋지다.

다년간 시달리고 나면 사람이 여행을 하는 것이 아니라 여행이 사람을 끌어낸다는 사실을 알게 된다. 그 불가피하게 닥치는 관광안내원이며 예정표며 예약이며 하는 문제들도 실은 여행이 가지는 개성으로 말미암아 으레 산산조각이 나게 마련이다. 이점을 깨달은 뒤에야 비로소 잔뜩 꿈에 부풀었던 바람잡이도 마음을 풀고 그것을 따르게 된다. 그때에야 모든 좌절감이 사라진다. 이런 점에서 여행은 결혼과 같다. 자기 마음대로 좌우할 수 있다고 생각한다면 그것은 분명히 오산이다.

여행과 결혼을 연결시킨 이 멋진 문장을 보라! 인생에 대한 통찰 없이는 나올 수 없는 글이다. 덜커덩거리는 차 안에 쓰레기통을 매어 그 속에 세제와 약간의 물과 옷을 넣어 자동 세탁기로 쓰는 재치, 낯선 사람에게 다가가려고 개를 이용하는 꾀, 과연 미국인이란 어떤 사람인가에 대한 의문을 끝까지 품고 가는 우직함까지. 이 책이 미국 여행기에 자꾸만 언급되는 이유를 알 것 같다.

어쩌다 이렇게 되지도 않을 일을 벌였던가 싶었다. 마치 장편소설을 쓰기 시작하는 거나 다름없었다. 500매라는 너무도 어마어마한 일감을 앞에 놓고 황막한 심정이 되어 앉았노라면 꼭 실패하리라는 불안이 엄습해와 나는 도저히 못해 내겠다고 생각해버렸다. 열 번이면 열 번이 다 그 모양이었다. 그러나 천천히 한 장 또 한 장 하고 써나가는 것이다. 하루치 이상의 일은 염도 안 먹고 더구나 완성하리라는 생각은 아예 쑥 빼버린다. 선명하게 찍힌 거대한 미국 지도를 보던 그때의 심회가 꼭 그런 것이었다.

미국 횡단에 대한 소감을 장편소설 쓰는 것과 결부시키는 걸 보면 그 심정이 절절히 공감된다.

'모든 게 루즈벨트 탓'이라고 하는 어느 주민의 말은 한때 '모두 노무현 탓'이라 했던 우리나라와 별반 다를 게 없어 피식 웃음이 났고, 사진 한 장 없지만 거대한 삼나무 숲에 바치는 찬가는 마음을 벅차게 한다. 50년도 더 전의 글인데, 지금 읽어도 인생을 보여주는 멋진 작품이다. 번역은 말할 것도 없이 좋다.

● ● ●

왜 산을 오르는가?

등반사고로 손가락을 끊어내는 사람들에게 "그 고생을 하면서 왜 산에 오르지?" 물어보면 그들의 답은 한결같다. "산이 거기 있으니까." 산타기를 싫어하는 사람은 물론이고 취미로 오르는 사람들조차 목숨 걸고 빙벽 타는 사람을 이해 못하기는 매한가지다.

나는 『희박한 공기 속으로』(존 크라카우어 | 김훈 | 황금가지)를 읽으면서 그들의 마음을 조금 이해하게 되었다. 외국에는 '등산문학'이라는 장르가 있다고 한다. 이 책은 등산문학의 최고봉으로, 1996년 5월 10일 에베레스트 정상에 올라갔던 사람들 중 12명이 살아 내려오지 못한 사건을 기록한 책이다.

미국인 존 크라카우어는 〈아웃사이드〉지의 기자로, 에베레스트 등정을 기사로 쓰기 위하여 상업등반대 중 최고라 일컫는 로브 홀 팀에 합류한다. 로브 홀과 라이벌 관계에 있는 스콧 피셔 팀도 같은 시기에 에베레스트를 오른다.

여기에 타이완 팀과 남아프리카 팀까지 합세하는데, 단 몇 분의 차이로 눈폭풍에 휘말린 대원들이 정상 바로 밑에서 조난을 당한다. 로브 홀의 팀원 여섯 명 중 네 명이 죽고, 다른 팀까지 합하면 무려 12명이 살아 내려오지 못했다.

워낙 등장인물이 많고, 생소한 등반용어와 생소한 지명들에 치어 처음 읽을 때는 좀 힘들긴 하다. 하지만 뒤로 갈수록 사람 마음을 사정없이 흔든다. 일주일 이상 이 책을 잡고 있다가 마지막 1/3을 하룻밤 동안 미친 듯이 읽어 내린 후 나는 가슴이 미어져서 잠이 오지 않았다. 그 산에서 죽은 사람들, 강인하게 살아남은 사람들, 살아남아 죄책감 속을 헤맨 이들 생각에 쉽게 잠들 수 없었다.

이 책을 통해 등산에 관한 많은 것을 알게 되었다. 상업적인 등반대가 가이드와 셰르파로 구성되며, 산소통을 등에 지고 가도 입구에 얼음이 얼면 들이마시지 못하고, 손바닥만한 새털구름이 1분 만에 생사를 갈라놓기도 한다는 사실.

죽은 이들의 얘기를 상업적으로 이용한다고 욕을 먹으면서도 책을 낸 존 크라카우어에게 박수를 보낸다.

● ● ●

남프로방스의 매서운 바람

사람들이 여행에 대해 가지는 로망 중에는 어느 한 곳에 진득이 머물면서 그곳의 주민이 되는 꿈이 있다. 생각해보면 아이러니다. 일상이 지루해 떠나면서, 떠난 그곳에서는 일상을 꿈꾸니 말이다. 그러나 인간이 원래 모순적인 동물인 것을 어쩌리.

『나의 프로방스』(피터 메일 | 강주헌 | 효형출판)는 영국 런던에서 광고회사 카피라이터로 일하던 피터 메일이 과감히 사표를 내고, 아내와 함께 프랑스 프로방스 지역으로 이사가 살게 된 1년간의 기록이다.

여행보다는 이주에 가깝지만, 첫 1년의 기록이니 아무래도 그곳의 주민이라기보다는 외부인의 시선이 느껴진다. 이상 기후를 보고 '날씨가 잠시 딸꾹질했다'고 표현하는 센스 있는 글쟁이 피터 메일이 들려주는 프로방스의 이야기는 재미있고, 손에 잡힐 듯 구체적이다.

미스트랄(북풍)의 위력을 맛본 저자가 집을 고치기 위해 2월부터 일꾼들을 동원하는데 그 해 11월이 될 때까지도 일꾼들이 능장을 부려 일이 마무리되지 못한다. 결국 저자의 아내가 일꾼들의 아내에게 크리스마스파티 초대장을 보내고서야 일꾼들이 3일 만에 후딱 집수리를 끝낸다. 그들이 직접 겪은 프로방스는 그런 곳이다. 흐흐.

피터 메일이 쓴 내용 자체도 좋지만, 거칠고 소박한 종이, 아름다운 표지, 달마다 2장씩 들어가 있는 일러스트와 번역도 마음에 든다.

● ● ●

글 쓰는 이들의 로망, 하루키식 여행법

모델 홍진경은 자신의 책에서 '남편의 어깨에 기대 있을 때는 먼 북소리가 나지 않기를 바란다'라고 썼다. '먼 북소리'란 여행을 떠나고 싶어 하는 사람들에게 본능적으로 들려오는 '이제 여행을 떠날 때다'라는 신호로, 여행을 다니다 보니 나에게도 일 년에 한번쯤은 그 소리가 들린다.

여행자의 본능을 멀리서 들려오는 북소리에 비유한 작가는 『상실의 시대』로 널리 알려진 소설가 무라카미 하루키다. 나는 그의 책 가운데 『먼 북소리』(무라카미 하루키 | 윤성원 | 문학사상사)를 가장 좋아한다. 쿨한 그의 소설보다는 귀여운 면모가 제대로 드러나는 여행기 쪽이 더 매력 있다.

『먼 북소리』는 1987년~1988년 그 언저리의 3여 년 동안 아내와 함께 유럽의 이곳저곳을 떠돈 여행기다. 혼자 하는 여행보다는 아무래도 누군가와 동행하는 편이 읽는 사람 입장에서는 재미있다. 그의 여행기에도 아내의 이야기가 종종 등장해 웃음을 준다.

> 내 뒤에는 그리스 비극의 합창대 같은 역할을 하는 사람들이 있어서 '인생이란 다 그런 것, 어쩔 수 없잖아요' 라고 노래를 부르고, 아내 뒤의 합창대는 '아니오, 숙명에 맞서 싸우는 것이 인간의 본성이오' 라고 노래 부르고 있다. 그리고 언제나 내 합창대가 아내의 합창대에 비해서 얼마쯤 소리도 작고 열의도 부족하다.

그는 이 여행을 하는 3년 동안 『상실의 시대』와 『댄스 댄스 댄스』를 썼다고 한다. 글 쓰는 사람들에게는 자신이 좋아하는 여행지에 방을 얻고, 낯선 사람들 속에서 낯선 풍경을 바라보며 종일 글만 쓰고 싶다는 꿈이 있다.

내 친구는 뉴욕의 아파트를 빌려 창밖으로 센트럴 파크를 보며 글을 쓰고 싶다고 했고, 나는 시인 황지우의 작업실이 있던 명옥헌을 보고, 그런 옛집에서 글을 써보고 싶다는 꿈을 꾸었다. 하루키는 유럽에서 아내와 함께 생활하면서 그 꿈을 이룬 셈이다. 부럽다.

『먼 북소리』에는 아토스 섬을 둘러보고 어느 잡지에 글을 써줬다는 에피소드가 짧게 나온다. 남자들만 들어갈 수 있는 아토스 섬에 사진기자와 함께 다녀온 여행기가 『우천염천』(무라카미 하루키 | 임홍빈 | 문학사상사)이다.

아토스 섬에서는 '비를 맞는다는 사실 하나만으로도 인간은 이렇게 나약해지는구나 하는 생각이 문득 떠올랐다. 좀 더 심한 비를 3일 정도 맞는다면 종교에 귀화해 버릴지도 모른다.' 라고 엄살을 떨고, 터키에 건너와서도 '그곳에서 대부분의 일들은 예측이 불가능했고, 규칙은 대부분 허무 속으로 빨려 들어갔다. 쉽게 말하자면 엉망진창이었던 것이다.' 라며 투덜거린다. 그러거나 말거나 책을 읽은 나는 엄청나게 달다는 그리스 커피와 우조와 곰팡이 핀 빵을 먹으러 그리스에 가고 싶어졌다.

● ● ●

소설보다 재미있는 소설가의 여행기

국민소득 2만 불 시대를 넘어서면서 우리나라도 해외여행을 더 이상 사치스러운 취미로 여기지 않게 되었다. 더불어 우리나라에도 요 몇 년간 여행서적이 봇물 터지듯 출판되었다. 대체로 선호 여행지의 유행에 따라 어느 달에는 뉴욕 여행기가, 어느 달에는 스페인 여행기가 우후죽순 쏟아져 나오지만, 진짜 글을 잘 쓰는 사람들은 그런 유행에 관계없이 여행기를 내기도 한다.

소설가 김연수의 『여행할 권리』(김연수 ㅣ 창비)는 여기저기를 다닌 여행기다. 중국에서 시작했다가 일본 앞바다를 건너기도 하고, 미국 캘리포니아 버클리의 도로 위를 달리다가 독일의 어느 성에서 잔다. 목적지가 어수선할뿐더러 텍스트만 빽빽하고, 실려 있는 사진조차 손톱만해서 매우 불친절하다.

하지만 내가 보기엔 우리나라 여행기 중에 고전 반열에 오를 가능성이 가장 높다. 「TV, 책을 말하다」의 패널들이 미안한 표정으로 "저는 김연수 씨의 소설보다 수필이 재밌어요."라고 할 정도이니 말 다했다.

'깐두부만 먹는 훈춘 사람 이춘대 씨', '신화 바깥도, 동방신기 바깥도 없는데, 너 지금 뭐하니?' 등의 소제목만 봐도 구미가 당긴다. 그는 문화차이보다 더 큰 나이차라는 게 존재한다는 걸 하루에 한 통씩 떠나간 애인에게 편지 쓰던 20대 독일 청년을 보며 느끼고, '신화'나 '동방신기'가 한국 가수라는 걸 미국과 중국의 어학 선생들로부터 배운다.

단지 문인이라는 이유로 '피는 물보다 진하다'는 취지를 가진 '한민족문학' 행사에 끌려 나가고, 다국적 소설가들이 모인 독일의 소도시에서 자신의 책이 '4만 권 정도 팔린다'는 뻥을 친다.

아버지의 고향 일본 나고야를 떠나오는 뱃전에서 아버지를 진심으로 이해하게 되고, 버클리의 섹션A에 들어가 둘러봐 주는 것으로 타지에서 공부하는 친구에게 위로를 건넨다.

　나의 아버지가 일본에서 태어났다는 이유만으로 '범 일본 문학인'이라고 부르면 얼마나 웃기냐고 되묻는 것으로 '한민족 문학'이라는 이름의 허구성을 넌지시 알려준 뒤, '경계'라는 것에 대해 숙고를 거듭하여, 구라파에 가보지 못했으나 박인환보다 생각이 더 멀리 뻗어갔던 이상과 김수영에 대한 통찰로 이어간다.

　문학이란 '말하지 못하는 것들을 대신 말해주는 것'이라는 생각을 가진 그는, '한국문학이 죽은 건 말하지 못하는 것들이 없어졌기 때문일까? 더 이상 말하지 못하는 것들을 대신해주지 않기 때문일까?' 하는 의문을 던진다. 한국에 이런 질문을 품은 소설가가 있다는 것에 안도감이 든다.

chapter 03

세계 곳곳
독서로 여행생활자 체험

•요즘 여행기•

알자스 | 수상한 매력이 있는 나라 터키 240+1 | 깜삐돌리오 언덕에 앉아 그림을 그리다
싱가포르행 슬로보트 | 미애와 루이, 318일 간의 버스 여행

나는 서른두 살에 처음으로 여권을 만들었다. 대학 다닐 때 겨우 해외여행이 자유화되었지만, 졸업 후 객지에서 방세 내랴, 생활비 벌랴, 밥값을 하려니 해외여행은 엄두도 낼 수 없었다. IMF시대를 거쳐 안정적인 직장에 몇 년 다니고서야 겨우 여권을 만들 수 있게 됐다.

여권을 만들라고 부추겼던 여행사 언니는 여행 별로 좋아하지 않는다고 주저하는 내게 이렇게 호언장담했다.

"한 번만 나가 봐. 그담부터는 매년 휴가 때마다 어디 갈까 계획 짜고 있을 걸?"

그렇게 여권을 만들고 나자, 정말 매년 해외로 나가게 되었다. 그 언니조차 "여권 만든 이듬해 네가 유럽으로 뜰 줄은 몰랐다."라고 할 정도로 가속도가 붙었다.

여행을 다녀오면 3~4개월은 그 추억으로 살았고, 그 후로는 다음해 휴가 계획을 세우는 재미로 살았으니, 아마 여행이 없었다면 회사 다닐 힘이 반으로 줄어들었을지도 모르겠다.

해외여행을 다니기 전, 나는 여행에 관련된 책을 읽지 않았다. 학창시절 국어 교과서에서 가장 싫었던 부분이 기행문이었으니, 굳이 여행기를 돈 내고 사보는 게 이해되지 않았다. 그러나 여행의 즐거움을 알고 나자, 여행기를 읽는 즐거움도 자연스레 따라왔다. 다녀온 곳은 "히~, 나도 여기 좋았는데." 추억을 곱씹는 재미로 읽고, 가보지 않은 곳은 "이런 곳이 있었네? 적어뒀다가 다음에 꼭 가봐야지."하면서 읽는다.

「꽃보다 남자」의 구준표는 게 먹겠다고 홋카이도로 가지만, 밥벌이에 발 담고 있는 우리에게 해외여행이란 어쩌다 한 번 가능한 호사다. 하지만, 밥벌이도 못하고 있다면 그야말로 그림의 떡. 그럴 때 단돈 만 원 안팎으로 여행하는 즐거움을 누릴 수 있는 방법이 바로 여행기를 읽는 거다.

● ● ●

세계 곳곳의 여행 생활자들

소설가 신이현이 쓴 『알자스』(신이현 | 랜덤하우스)를 한마디로 정의하

라면 '우리나라 사람이 쓴 『나의 프로방스』'라고 하겠다. 피터 메일의 『나의 프로방스』를 읽고, 우리나라에는 왜 이런 책이 없을까 서운했는데, 이 책이 나왔다.

소설가 신이현은 프랑스 남자와 결혼해 파리에 살고, 시부모인 루시와 레몽은 프랑스의 산골 마을 알자스에 살고 있다. 그 알자스의 1년을 봄, 여름, 가을, 겨울로 나눠 알자스 사람의 생활과 알자스의 음식, 이웃들에 대해 쓰고 있는 이 책을 읽노라면 흰 눈 덮인 전나무 숲을 드라이브하고, 생크림 소스를 듬뿍 끼얹은 송아지 고기를 먹는 느낌이다.

알자스라면 알퐁스 도데의 『마지막 수업』이나 『별』의 배경이 된 곳이라는 지식밖에 없었는데, 이 책을 읽고 나니 꽤 친근하게 느껴진다. 숲 하나만 지나면 독일 땅이고, 따로 '알자스어'라 지칭되는 사투리(혹은 외국어)를 가지고 있는 곳, 우리나라의 시골 마을처럼 이웃집 숟가락이 몇 개인지 다 아는 그곳에 가보고 싶다.

알자스 뿐만이 아니다. 『수상한 매력이 있는 나라 터키 240+1』(미노 | 즐거운상상)을 읽고 나서 한동안 터키에 가보고 싶어 몸살이 났다. 방송작가였던 저자가 1년 동안 전 세계 배낭여행을 계획하고 길을 떠났다가 12개월 중 7개월을 터키, 그것도 수도인 이스탄불이 아니라 파묵칼레에 눌러앉게 된 이야기다.

배낭을 지고 매일매일 깨끗하고 싼 숙소를 찾아 헤매고, 오늘은 이만큼, 내일은 이만큼 계획 짜서 움직이는 것에 지쳐갈 무렵 파묵칼레에 도착한 미노는 오즈귤 호텔의 젊은 사장 나짐이 연애를 거는 바람에 못 이기는 척 눌러앉는다. 공짜로 숙식을 해결하고, 대신 나짐의 애인 노릇을 하면서 7개월 동안 그곳에 머문다.

마치 나짐의 애인처럼 친척들에게 인사 가기도 하고, 나짐의 친구와 놀러 다니기도 하면서, 우리나라 사람과 기질이 비슷한 터키 사람들의 매력에 흠뻑 빠진다. 좋아하는 건지, 사랑하는 건지, 연애를 하는 건지, 단지 친구일 뿐인지 아리송했던 나짐과 미노의 관계는 책의 마지막 장을 덮을 때 즈음 아릿한 슬픔으로 마무리된다.

책 읽는 동안 내가 나짐과 연애하는 것 같았고, 내가 오즈귤 호텔에서 생활하는 것 같았다. 정 많은 터키 사람들과 석회가 굳어져 내린 노천 온천을 보고 싶어서 생의 언젠가 꼭 한번은 파묵칼레에 가보겠다고 점찍어 놓았다.

● ● ●

그림도 아름다운 여행기

요즘 책 내는 사람들은 어쩌면 그리도 팔방미인인지. 작가가 글 쓰고, 그림 그리고, 사진도 찍는다. 일러스트가 멋진 여행기는 어찌나 많은지, 그림 못 그리는 사람은 여행기 내기도 어렵겠다 싶다.

『깜삐돌리오 언덕에 앉아 그림을 그리다』(오영욱 | 샘터)는 본 직업 건축기사, 세컨드 잡 일러스트레이터인 '오기사' 가 남미, 유럽, 아프리카 일대를 돌며 그린 스케치 여행기다. 스케치는 단순하면서도 세심하고, 글은 센스 있고 유머스럽다.

이탈리아 살레르노의 여자 수도원에서 자게 되었을 때 '오늘 밤은 수녀님들의 영혼이 떠도는 18인실에서 혼자 자야 한다. 이건 여자 아홉 명에게 둘러싸여 혼자 잤던 10인실보다 더 무섭다.'고 하던 소심한 그가, 브라질에서는 짓궂게도 '배를 타고 국경을 넘기 전, 아마존 정글에서 농사를 지으며 살아가는 가족의 원두막에 며칠 머물렀던 적이 있었는데 당시 주인아저씨는 진정으로 나를 사위로 삼고 싶어 하셨던 것 같다. 신부 후보는 열일곱 살 첫째 딸이었는데 모든 편견을 버리고 봐도 나보다 나이가 많아 보여 조금도 내키지는 않았다.'고 한다.

혼자 떠돌다 보니 숙소에 대한 이야기가 많은데, 아르헨티나 꼬르도바의 호텔에 대해서는 '호텔로 돌아오니 객실이 오십 개나 되는 이 음침하고 낡은 건물에 투숙객이 있는 방은 단 두 개뿐이다. 무척이나 지루한 예술영화를 찍으면 딱 어울릴 최상의 조건을 갖춘 일요일 밤이다.'라고, 칠레의 칼라마에서는 '남미에서 관광지가 아닌 작은 도시에 일요일에 도착하는 것보다 더 끔찍한 일은 없을 것이다. 세상에서 가장 고립되고 심심한 곳이다.'라고 외로움을 펼쳐 놓는다.

어쩌다 내가 가본 곳들이 스케치에 등장하곤 했는데, 그때마다 그곳에 서 있는 느낌이 들 만큼 생생하다. 결국, 책을 덮을 무렵에는 내 그림 실력도 까먹은 채 '다음 여행부터는 스케치북 들고 다닐 테야' 호언장담하는 지경에 이르렀다.

『싱가포르행 슬로보트』(고솜이 | 강모림 | 돌풍)는 글쓴이와 그림 그린 이가 다르다. 만화가 강모림이 일러스트를 그리고, 네이버 블로그에서 활약하는 고솜이가 글을 썼다.

내가 가본 싱가포르는 깨끗하고, 사람들이 부지런하며, 음식은 맛있었다. 제대로 쇼핑하지 못하고 돌아온 아쉬움 때문에 꼭 다시 한 번 가야겠다며 쟁여둔 나라다. 2년 동안 직장 덕분에 싱가포르에서 살았던 고솜이는 싱가포르를 이렇게 표현한다.

싱가포르의 매력은 감성적이라기보다는 현실적이다. 따뜻하기보다는 산뜻하다. 항상 담백하게 손을 흔들어 주고 "또 놀러 와!" 라고 가볍게 말해준다.

딱 내가 받았던 느낌 그대로다. 이 책에는 음식에 관한 이야기가 많다. 온갖 먹는 것에 대한 험담, 투덜거림, 혹은 만족감. 관광객들이 갈만한 관광지나 유적 따위는 애초에 관심이 없다.

버버리 체크무늬를 보면서 '그런데 내가 궁금한 것은 80년이 넘도록 같은 체크무늬를 상징적으로 반복 사용하는 버버리가 아니라 같은 체크무늬의 물건을 '구입하는' 사람들이다. 왜 똑같은 것을 사는 것일까? 뭐든 쉽게 질려 하는 변덕쟁이들이 왜 유독 버버리에게만은 예외인가? 그러니까 불공평한 이야기지만, 내 남자친구는 어느새 한심해 보여도 주드 로는 언제 봐도 멋지다는, 뭐 그런 의미가 아닐지. 아마도 그들은 버버리를 사는 것이지, 핸드백이나 머플

러를 사는 것이 아닌지도 모른다.' 하는 식이다. 표현은 가볍고 재미있지만, 허를 찌르는 구석이 있다.

일반 관광객을 대상으로 하지 않았기에 내가 가본 곳이 별로 나오지 않아 실망스러웠지만, 그 덕분에 내가 마신 라임주스에 대한 얘기만 나와도 기쁘고, 자장면이 그리워질 때면 호키엔미를 먹었다는 말에 '나도 먹어봤는데…자장면은 아니지' 하다가 바로 뒷문장에 '자장면과 맛은 전혀 다르지만'을 발견하고 웃는다.

강모림의 그림은 고솜이의 글과 썩 잘 어울리지만 사진은 기대하지 말 것. 온통 시꺼멓거나 흔들렸다.

● ● ●

척박하다, 이것이 인생이다

여행이 항상 즐거울 수는 없다. 『미애와 루이, 318일간의 버스 여행』(최미애 글 | 장 루이 볼프 사진 | 도서출판 자인)은 척박하기 그지없는 여행기다. 피부색이 다른 부부와 아이 둘, 그리고 개 한 마리가 캠핑카를 타고 대륙을 횡단하는 여행을 감행한다.

토종 한국인 미애는 180센티미터가 넘는 큰 키가 콤플렉스였지만 모델 일을 하며 자신감을 찾는다. 모델 일을 하다 만난 프랑스 사진작가 루이에게 첫눈에 반해 결혼하고 아들 이구름과 딸 릴라를 낳는다.

여행을 좋아하는 두 사람은 버스를 개조하여 캠핑카로 만들고, 중국 대련에서 출발하여 파리까지 버스를 타고 대륙을 횡단한다.

중국, 파키스탄, 카자흐스탄, 그리스, 이탈리아를 거쳐 파리에 이르기까지 100일이 걸린다.

검문을 받을 때마다 돈을 요구하는 경찰들, 국경을 넘을 때마다 세관이 요구하는 세금들, 칼이나 총을 가지고 위협하는 사람들, 너무나 가난한 청년들, 그런 와중에도 자신의 먹을 것을 나눠주는 순박한 가족들을 만난 이야기가 흥미진진하게 때로는 코끝 찡하게 펼쳐진다. 가는 동안 현지의 처녀들에게 메이크업을 해주고 사진을 찍는 '뷰티 프로젝트'도 한다. 책을 읽는 내내 '정말 대단하다'는 감탄밖에 나오지 않는다.

1권에서는 러시아와 중국과 위험한 나라들을 가로질러 파리에 도착했기에 돌아올 때는 좀 편한 길로 올 줄 알았더니, 2권에서도 이란, 인도, 네팔, 티벳을 거친다. 여전히 가난한 사람들의 구걸과 부패한 공무원들의 협박을 받고, 심지어 칼을 든 강도까지 만난다.

낭떠러지에서 쇠파이프 들고 현지인들이 쫓아오는 에피소드를 읽고 있자면 내 몸이 오그라드는 것 같고, 일정은 자기들 맘대로 하면서 만날 돈타령하는 중국의 여행사와 가이드를 볼 때는 내가 분통 터진다. 중국 탓할 것도 없다. 버스에 대한 한국대사관의 대응도 혀 차는 소리 나오게 짜증난다.

처음에는 너무 강하게만 보였던 미애의 얼굴이 책장을 다 넘길 때쯤에는 어떤 여자보다 숭고하고 강인해 보이고, 쑥쑥 크는 이구름과 귀여운 릴라를 보자면, 꼭 세상을 보통 사람들이 들이대는 잣대 안에서 살아갈 필요는 없다는 생각이 든다.

하지만 돈도 없이, 애물단지 버스를 타고, 아이들과 개까지 데리고 떠나는 여행은 읽는 것으로 충분하다. 나는 미애처럼 견뎌낼 재간이 없으니까. 그리고 보면 여행에서 겪는 힘들고 괴로운 경험들을 직접 당하지 않아도 된다는 것이 여행기를 읽는 또 다른 즐거움 아닐까?

쉬운 말로 속삭이는
그림의 세계
• 미술1 •

나는 미술관에 가는 것을 좋아한다. 쉬는 날, 미술관에 가서 그림 구경하고 미술관 내 카페나 근처 가게에서 책 펴놓고 차 한 잔 마시면 참 행복하다. 여행을 가도 가장 먼저 스케줄에 넣는 것이 미술관이다. 휴관일과 무료관람 여부를 알아봐서 미술관 위주의 동선을 짠다. 그림은 외국어를 몰라도 즐길 수 있으니 스트레스도 없다.

하지만 내 주변에는 "너 진짜 그림이 좋아서 보는 거니?" 궁금해하는 사람들이 많다. 영화처럼 스토리가 있거나 움직이는 것도 아닌데 그림 보는 게 뭐가 재미있냐고들 한다.

'아는 만큼 보인다' 는 말은 우리나라 문화유산에만 해당되는 말이 아니다. 클래식 음악보다 대중음악이 친근하고 좋은 이유는 TV나 인터넷을 통해 인이 박히도록 들었기 때문이다. 음악가 집안에서 자라난 사람에게는 원더걸스의 '노바디' 보다 모차르트 교향곡 40번이 더 친근하다.

미술관에 갔는데 본 적도 없고 이해할 수 없는 그림만 걸려 있다면 다시 미술관에 가고 싶지 않을 것이다. 상설 전시를 하는 인사동 갤러리보다 유럽에서 거액 내고 들여오는 대규모 서양화 전시회에 사람들이 몰리는 이유도 마찬가지다. 학교 다닐 때 미술 교과서에서 한두 번이라도 본 그림을 보고 싶지, 잘 모르는 그림은 보고 싶지가 않은 것이다.

● ● ●

나의 미술 입문기

그림에 취미를 붙이고 싶다면, 책을 활용하는 방법을 권한다. 유명한 그림이라면 바다 건너가든지 서울의 큰 미술관 바글바글한 인파 속에서 보는 수밖에 없다고 생각하기 마련이지만, 아니다. 책에 있다.

미술 관련서에는 눈을 호사시키는 멋진 그림과 그 그림에 대한 저자의 설명이 들어 있어 도슨트가 없는 미술관 기행보다 훨씬 유익하다. 그런 책에서 그림에 눈이 익다 보면 어느 순간 책의 도판이 아닌 실제 그림이 보고 싶어지고, 미술관에 가는 것이 취미가 될 수 있다.

내가 미술 관련서를 읽게 된 데에는 『나의 서양미술 순례』(서경식 ㅣ 박이엽 ㅣ 창작과비평사)가 큰 역할을 했다. 대학 2학년 때 도서관에 갔다가 '창비시선'에서 나오는 시집과 똑같은 사이즈의 작은 책을 발견했다. 회색 표지에 조각상을 찍은 사진 하나가 덜렁 박혀 있던 그 얇은 책이 '미술기행'이라는 것이 신기해서 빌려왔다.

첫 장을 열자마자 사람의 살을 포 뜨고 있는 「캄퓨세스 왕의 재판」이라는 그림이 나왔다. 실핏줄 하나하나까지 정밀하게 그린 그 그림에, 전기 충격을 받은 것처럼 놀라서 한동안 멍했다. 사람이 이렇게까지 잔인한 존재였던가? 그런데다가 그 그림은 성인을 그린 성화로 분류된다고 한다. 저자는 그 고통스런 그림 속에 형들의 형상을 겹쳐보고 있었다.

저자 서경식은 서승, 서준식을 형으로 둔 재일교포 2세다. 그의 형들은 한국에 유학 왔다가, '재일교포 간첩단 사건'에 연루되어 10년 이상 옥고를 치렀다. 그는 형들이 옥에 갇혀 있는 동안 유럽의 미술관과 수도원을 여행하며 그림을 보았다. 어머니가 아들들의 옥바라지를 하다 돌아가신 다음이다. 그런 사연이 있는 그의 눈에 그림이 일반인처럼 보일 리 만무하다. 그림 속 주인공들의 고통과 그림의 역사적인 배경을 설명하는 시선의 남다름에 마음을 뺏겼다.

이후 주변 사람들에게 좋은 책이라며 『나의 서양미술 순례』를 권했지만 나온 지 오래된 책이라 구하기 쉽지 않았다. 다행히 10년이 지나 이 책은 개정판이 나왔다. 도판도 컬러로 바꾸고, 하드커버 표지에 모딜리아니 그림이 들어가 산뜻하다. 10년이라는 세월이 흘러 다시 읽었는데도 처음 읽었을 때 느꼈던 신선함과 충격이 고스란히 있으니, 참으로 좋은 책이다.

● ● ●

그림 보는 법을 가르쳐 주는 책

그림하고 친하게 지내면서 누구나 부딪치는 물음에 나도 부닥치게 되었다. 그림은 어떻게 봐야 하는 걸까? 중세 종교화와 앤디 워홀의 그림을 같은 방식으로 볼 수는 없을 텐데, 누가 좀 가르쳐주면 좋으련만.

'진중권'이라는 이름 때문에 우연히 집어든 『천천히 그림 읽기』(조이한, 진중권 | 웅진출판)는 그런 의문에 길잡이가 되어준 책이다. 그림을 형식에 따라 보기, 내용에 따라 보기, 정신분석학적 해석, 사회학적 해석, 여성주의적 관점, 기호학점 관점으로 구분해서 이해하기 쉽게 설명해준다. 미술 이론 책이 이렇게 재미있을 수도 있구나 감탄했고, 내가 바로크 시대와 르네상스 시대를 구분할 수 있게 되어 놀랐다. 중세 종교화의 도상학까지 알고 나니 갑자기 유식해진 기분까지 들었다.

이 책을 통해 진중권보다 오히려 공저자의 글이 더 좋아진 나는 '조이한'이라는 이름을 외워두었다가 『위험한 미술관』(조이한 | 웅진지식하우스)을 읽게 되었다. 미술사에서 스캔들을 일으켰던 6명의 화가, 카라바조, 프리드리히, 마네, 뭉크, 뒤샹, 요셉 보이스의 작품과

그들이 당대에 일으켰던 스캔들, 그 스캔들의 미술사적 의의까지 짚어준다.

카라바조는 성화를 무례하고 천박한 속화로 그렸다고, 뭉크는 보는 사람을 불안하게 만드는 그림이라고, 마네는 창녀를 모델로 했다고 비난받는다.

이 책을 통해 처음 알게 된 카스파 다비드 프리드리히의 「바닷가의 카푸친 수도사」라는 그림은 「캄퓨세스 왕의 재판」만큼이나 인상적인 그림이었다. 내가 좋아하는 커피 카푸치노는 하얀 거품이 얹어진 모습이 중세 카푸친 수도사의 모자 같다고 하여 붙여진 이름이다. 바로 그 카푸친 수도사가 광막한 바다 앞에 서 있는 모습을 그린 풍경화인데 음울하면서도 한번 보면 잊혀지지 않는 묘한 마력이 있다.

그의 그림은 '아름답지 않은 풍경화'로 비난받았다. 모든 풍경화는 아름다워야 한다는 그 시대의 사고방식과 불화한 그림이 결국 명작으로 길이 남아 이렇게 나에게 감동을 준다.

• • •

손쉬운 미술 작품 감상

예전에는 어려운 그림을 좋아해야 지적으로 보일 것 같아서, 예쁜 그림을 좋아한다고 내놓고 말하기 어려웠다. 오랜 시간이 지나고서야 사람마다 취향은 제각각이고 자신이 좋아하는 그림이 좋은 그림이라고 생각하게 되었다.

내 취향은 아름답고 화사한 그림이다. 그 중에서도 부드럽고 하얀 살결의 포동포동한 여자들이 등장하는 그림을 무척 좋아한다. 어려서 외갓집에 걸려 있던 달력 덕분에 르느와르의 여인들을 좋아하고, 라파엘 전파가 그린 도자기처럼 매끄러운 피부의 여신들도 좋아한다.

『빅토리아의 비밀』(이주은 | 한길아트)은 라파엘 전파의 그림을 모아 놓은 보물단지다. 그림을 좋아하는 사람들은 자신이 좋아하는 화가의 화집을 갖는 게 꿈이다. 하지만 화집은 비싼데다 무거워서 한 번 꺼내보려면 젖 먹던 힘까지 내야 할 판이다. 그래서 나는 화집보다 도판이 선명하게 인쇄된 책을 선호하는데, 『빅토리아의 비밀』이 바로 그런 책이다. 일반 판형보다 크면서도 모조지를 사용해 무겁지 않다.

이 책에 실린 그림들은 영국의 빅토리아 여왕 통치기에 나타났던 그림들로 르네상스의 기운이 돈다고 하여 '빅토리아 르네상스', 라파엘이 등장하기 전의 조류를 따른다고 해서 '라파엘 전파'로 불리는 작품들이다.

빅토리아 여왕 통치기라면 오래된 것 아닌가 싶은데, 뒤편에 나와 있는 연보를 보면 1800년대 후반에서 1900년까지, 고작 100년 전이다. 우리로 치면 구한말 정도에 나타났던 사조다.

라파엘 전파의 대표적인 화가로는 워터하우스, 에버릿 밀레이, 로세티 등이 있는데, 이 중에서도 나는 워터하우스의 그림을 가장 좋아한다. 분홍색을 위주로 한 파스텔 톤의 색감과 부드러운 선이 매우 아름답다.

로세티의 그림에 단골로 등장하는 여자는 각진 선과 강한 이미지를 가지고 있어서 별로 좋아하지 않았는데, 그녀가 로세티 필생의 연인이었던 제인이라는 사연을 알고 난 후 아름다워 보였다. 아는 만큼 보이는 법이다.

베르메르 풍의 고요하고 소박한 네덜란드 풍속화가 잔뜩 실려 있는 『일상예찬』(츠베탕 토도로프 | 이은진 | 뿌리와 이파리), 쉽지만 깊이 있는 해설이 돋보이는 『꿈을 꾸다가 베아트리체를 만나다』(박누리 | 마로니에북스)도 그림을 보기에 좋은 책들이다.

우울할 때 이런 책들을 펴보자. 근심이라고는 없어 보이는 아름다운 여인들을 보고 있으면 기분이 한결 나아진다. 미술작품 감상이 별건가? 이런 게 미술 감상이지.

● ● ●

예술가의 치열한 삶

내가 카피라이터라는 직업을 택한 건 창작을 하면서도 돈을 벌 수 있다는 이유가 컸다. 100권 팔기도 어려운 시집을 내는 것 보다, 전 국민이 보는 TV에 내가 쓴 한 줄 카피가 방송된다면 훨씬 더 보람 있을 거라고 생각했다. 그러나 세상일이란 내 맘 같지 않아서, 광고란 광고주가 만드는 것이지 창작자가 만드는 것이 아니며, 예술이 아니라 철저하게 자본주의를 위해 복무한다는 사실을 경험으로 알게 되었다.

그렇게 사회를 겪고 나니, 가난 속에서 묵묵히 자신의 길을 가며 예술을 하는 게 얼마나 위대한 일인지 알게 되었다. '예술가' 앞에 왜 '위대한'이라는 수식어가 붙는지 알고 싶다면 『반 고흐, 영혼의 편지』(빈센트 반 고흐 | 신성림 | 예담출판사)를 읽어 보자.

이 책을 읽기 전까지 나는 고흐가 평생 동생을 등쳐먹고, 친구 고갱을 괴롭히다 못해 자신의 귀까지 자른 미치광이라고 생각했다. 그러나 동생 테오와 주고받은 668편의 편지 속에 보이는 고흐는 너무나 멀쩡하다 못해, 사람들이 세상과 타협하며 사느라 잊어버리고 있는 진실을 외면하지 않는 순수한 영혼의 소유자였다.

그가 목사를 열망하던 신학생이었다는 것도, 동생 테오로부터 물감 값을 받으며 언제나 미안해했다는 것도, 고갱을 불러 예술인들의 공동체를 꾸리고 싶어 했다는 것도 이 책을 통해 알게 되었다.

그의 편지 중 가장 슬펐던 곳은 이 부분이다.

너의 짐이 조금이라도 가벼워지기를, 될 수 있으면 아주 많이 가벼워지기를 바란다. 아무리 생각해도 나에겐 우리가 써버린 돈을 다시 벌 수 있는 다른 수단이 전혀 없다. 그림이 팔리지 않는걸. 그러나 언젠가는 내 그림이 물감 값과 생활비보다 더 많은 가치를 가지고 있다는 걸 다른 사람도 알게 될 날이 올 것이다.

살아 생전 딱 한 점의 그림을 팔았을 뿐이라는 고흐는 그래도 자신의 그림이 물감 값 보다는 더 큰 가치를 갖고 있다고 믿었다. 사후 100년, 그의 그림이 경매에서 8천만 달러를 호가하는 걸 보면 그의 믿음은 틀리지 않았다.

고흐와 더불어 책을 읽다가 '이 사람이야말로 예술가'라고 생각했던 사람은 『그 섬에 내가 있었네』(김영갑ㅣ휴먼앤북스)의 김영갑이다.

김영갑은 누구도 찍지 못한 아름답고 신비로운 제주도 풍경을 찍은 사진가이다. 10여 년 동안 고향도 아닌 제주에 혼자 살며, 사진 한 장을 찍기 위해 비바람이 몰아치는 언덕에서 사흘씩 기다리기 예사, 더 많은 필름을 사기 위해 끼니 굶기를 예사로 했다.

너무 오래 자신을 혹사해서일까? 아니면 제주의 아름다운 속살을 세상에 보여주었기 때문일까? 그는 루게릭병에 걸려 사진을 찍지 못하게 된다. 하지만 남은 삶을 헛되이 보내는 대신 제주의 폐교를 임대해 자신의 사진을 전시할 갤러리를 만드는 데 바친다.

책을 읽을 당시에는 살아있었지만, 이제 그는 세상에 없다. 고흐를 보며, 김영갑을 보며, 참으로 예술이란 자신의 모든 것을 던지지 않으면 이루어지지 않는 그 무엇이구나, 느낀다.

● ● ●

풍자와 해학이 어우러진 한국 풍속화

신윤복이 남장 여자였다는 상상력으로 만들어진 소설과 드라마와 영화 덕분에 풍속화가 새삼 주목받고 있다. 『단원의 그림책』(최석조ㅣ아트북스)은 풍속화 중에서도 단원 김홍도의 『단원풍속화첩』에 실린

25점의 그림을 오늘의 눈으로 풀어냈다.

초등학교 선생님인 저자는 그림에 문외한이지만, 문화센터에서 강좌를 듣던 중 단원의 풍속화를 과제로 하게 되었고, 자료를 찾다가 우리나라 대표 화가인 단원의 풍속화조차 제대로 해설해 놓은 자료가 없다는 사실을 알게 되어, 타는 목마름으로 아예 직접 책을 쓰게 되었다고 한다.

『단원풍속화첩』에는 우리가 잘 아는 「무동」, 「씨름」, 「서당」을 비롯해 한 번씩은 봤음직한 친근하고 해학적인 그림들이 들어있다. 이 그림들에 대해 한 편의 영화를 보는 것처럼 등장인물 해설에서부터 지금 이들이 어떤 기분이고 배경은 어떤 상황이라는 것까지 두루 설명해 놓았다.

한 그림에 나왔던 사람이 다른 그림에 또 나오는 중복 출연도 세심하게 살피고, 손의 방향을 잘못 그린 옥의 티도 찾아내고, 조영석, 김득신 등의 우리나라 화가는 물론 다빈치의 「모나리자」와도 비교를 서슴지 않는다.

「기와이기」에서 지붕 위에 앉아 기와 던지는 남자가 「군선도」에서 구름 탄 신으로 나오는 모습은 무척 신기했고, 우물가에서 젖을 내놓고도 아무렇지 않은 젊은 엄마의 그림을 보며 조선시대의 패션관은 지금과 다르다는 사실을 실감했다.

가끔 너무 앞서 나간다 싶은 부분도 있지만, 단원의 풍속도를 찬찬히 구경할 수 있어서 기뻤다.

그림을 모른다고 겁낼 필요 없다. 좋은 그림을 발견하면 책과 인터넷을 통하여 정보를 찾아보고 그 화가의 다른 그림도 찾아보자. 그러다 보면 점점 그림 보는 눈이 밝아지고 자신만의 견해도 생긴다. 이런 견해를 비슷한 취미를 가진 사람과 나눠보고, 글도 써보고, 그렇게 하다 보면 어느새 그림과 친구하여 미술관에서 놀고 있는 자신을 발견하게 될 것이다.

chapter 05

현대미술을 보는
세 가지 시선

• 미술2 •

피카소의 달콤한 복수 | 서늘한 미인
예술가의 방 | 돈이 되는 미술 | 그림쇼핑

어린 시절, 순정만화풍의 색칠공부에 크레파스 칠을 열심히 하고,
'화가'라는 직업을 '나의 장래 희망'에 써넣곤 했던 나는, 미술과
전혀 관련 없는 일을 하고 있는 지금까지도 그림을 좋아한다.

개인적으로 르느와르의 화사하고 통통한 미녀들, 모네의 흐릿한
수련을 좋아하지만 그림에 별로 편식하지 않는 관계로 일본의 우키
요에부터 혜원의 미인도까지 그림이라면 다 좋아한다. 그런 나의 잡
식성 취향도 소화시키기 힘든 미술이 있으니 바로 '현대미술'이다.

캔버스 가득 물감을 흩뿌려놓고서 현대인의 파편성과 개인성을

운운하거나, 대학생들이 만든 단편영화보다도 더 재미없는 영상물을 틀어놓고는 '미술'이라 이름 붙이는 행위들은 도대체 어떻게 이해해야 할까? 게다가 그런 작품들의 전시 팸플릿에 들어가 있는 말들은 분명히 한글로 씌어 있는데도, 해독이 불가능하다.

● ● ●

현대 미술에 날리는 시원한 똥침 한 방!

미술평론가들이나 예술가들이 좋다고 하니 내가 무식해서 그렇겠거니 하다가도 선 하나 그리지 않은 하얀 캔버스에 수억 원의 가격이 매겨지는 걸 보면 뭔가 잘못돼도 단단히 잘못됐다는 생각이 든다.

나 같은 미술 애호가들을 위해 유대인 독설가 에프라임 키숀은 『피카소의 달콤한 복수』(에프라임 키숀 지음 | 반성완 옮김 | 마음산책)라는 걸출한 책을 썼다. 이 책의 첫 페이지를 들추는 순간부터 현대미술에 대한 소화불량과 우울증은 싹 날아가 버린다.

일단 키숀이 페이지마다 늘어놓은 말의 성찬 중 몇 가지만 시식해보자.

현대예술을 하는 친구들이 '예술'이라는 개념을 마치 자기들이 전세라도 낸 것인 양 떠벌리는 철면피한 주장을 듣고 있자면 건강한 상식을 가진 사람은 누구나 혈압이 치솟을 것이다. 매트리스는 매트리스이며 병은 병이고 고철은 고철이다. 그리고 예술은 어디까지나 예술이다.

내 말이! 변기는 변기일 뿐이다. 그걸 갤러리에 가져다 놓는다고 샘이 되지는 않는다.

적어도 나는 지금까지 자신의 피아노 조율사를 위해 교향곡을 지었다는 작곡가에 대해서는 들어본 적이 없다. 마찬가지로 내가 알고 있는 바로는 오직 자신의 이발사 한 사람만을 위해 자서전을 썼다는 작가에 대해서도 들어본 적이 없다. 하지만 현대 미술 작품은 전적으로 두 종류의 사람들, 즉 미술 비평가와 미술 장사꾼들을 위해서만 만들어지는 것처럼 보인다.

그들만의 잔치로 전락하는 순간 그 예술은 장르 불문하고 망한다.

그렇다. 한 장의 그림을 바라보면서 미적인 만족을 느낄 수 있었던 그러한 시대는 결정적으로 지나가버렸다. 그 사이 그림은 그것에 딸린 부수적인 텍스트의 문제가 되어버렸다. 오늘날 우리는 미리 20여 쪽에 이르는 팸플릿을 공부하지 않고는 전시회의 그림을 이해할 수 없다.

전시회를 돌아보는 데는 10분이면 되는데, 팸플릿 읽는 데는 30분 이상 걸린다. 아무리 읽어도 무슨 말인지 모르겠다. 비평가는 자기들이 무슨 말을 써놓은 건지 해독할 수 있을까? 미술 평론보다 국어 공부부터 다시 시작하라고 말해주고 싶다.

이 책에 따르면 세계 곳곳에서 현대미술의 허위성을 까발리는 실험이 행해졌다고 한다. 침팬지가 그린 그림을 갤러리에 전시하고 인터뷰를 했더니, 미술평론가들이 온갖 미사여구를 동원해 찬사를 보내기도 하고, 독일에서는 자동차 한 대를 찌그려 그 위에 시멘트를 부어놓은 고철 덩어리를 수십 만 마르크 주고 사들여서 시청에 설치하자 분노한 시민들이 밤새 그 옆에 똑같은 설치미술을 만들기도 했다. 세계 곳곳에서 현대미술은 비웃음을 유발하고 있다.

내내 독설을 퍼붓던 키숀은 마지막에 이런 충고를 한다.

자신의 작품이나 자신의 예술을 감상하는 관객에 대한 사랑 없이 진정한 예술은 존재하지 않는다. 남을 위하는 배려나 애정이 빠지게 되면 이기주의나 오만, 허영심, 아니면 효과만을 노리는 마음만이 중요하게 된다. 예술은 관객이 작품에 접근할 수 있고, 인간의 영혼과 정신에 호소할 수 있어야만 비로소 가능할 수 있다. 예술은 그림을 보는 관객에 의해 비로소 생겨나는 것이다.

현대 예술이 저지르고 있는 최대의 죄악이 있다면, 그것은 바로 관객을 무시하거나 심지어 경멸하고 있다는 점이다. 이렇게 됨으로써 아름다움은 예술로부터 추방당하고 있을 뿐만 아니라, 예술에 대한 사랑 역시 사라져버릴 운명에 처해 있다.

결국 키숀은 현대미술에 대한 애정이 있었기에 이런 책을 썼던 것이다.

현대 미술을 보는 따뜻한 시선

우리나라에도 현대미술에 애정을 가진 고마운 작가가 한 명 있다. 아나운서 김지은이다. 키숀이 독설과 냉소로 현대미술에 대한 애증을 가감 없이 드러냈다면, 그녀는 따뜻한 시선으로 현대미술, 그 중에서도 우리나라 현대미술을 보듬어준다. MBC 아나운서이자, 미술사 전공 대학원생이고, 한 아이의 엄마인 김지은이 조근조근 들려주는 그림 이야기, 『서늘한 미인』(김지은 | 아트북스).

김지은은 '미래의 고흐를 미리 발견할 수는 없을까?' 하는 애정어린 마음으로 21명의 우리나라 현대미술가들을 소개한다. 집에서도 꿈자리 사납다고 못 걸게 하는 그림을 그리는 이유정, 수천 개의 면봉을 잘라 큰딸 초영이의 친구들을 만들어준 김순례, 대리석이 너무 무거워 좀 가벼운 재료로 조각을 할 수 없을까 고민하다 종이조각을 만든 권오상 등이 소개되어 있다.

작가들의 작품과 사연도 좋지만, 자신의 경험으로 이야기를 끌어나가는 그녀의 솜씨는 글을 친구 삼게 만든다. 간판을 잘못 읽고 들어간 아말피 피자집의 추억, 미셸 투르니에에게 받은 엽서와 주고받은 사진, 스튜디오 바닥에 엎드려 독일어 시낭송을 한 사연까지 재미있는 에피소드가 빼곡하다.

『서늘한 미인』에 이어 김지은이 쓴 『예술가의 방』(김지은 | 서해문집)은 비싼 작업실 월세와 씨름하면서도 미술 작업에 전념하고 있는

현대미술가 10여 명의 방을 구경한 책이다.

미대 나와서 전업작가로 사는 사람들을 부모 잘 만나 호강하는 사람들로 여겼던 내게 아직도 작업실 임대료 걱정하고, 그림이 하나라도 팔렸으면 좋겠다고 하는 화가들의 이야기는 놀라웠다.

그 중에서도 유기견 돌보는 할머니를 만난 후 몇 년간 100여 마리 강아지를 만들고 있는 윤석남 작가의 나무조각은 형편이 된다면 꼭 하나 데려오고 싶었다.

김지은은 작가가 그려준 자신의 초상화로 명함을 만들어 가지고 다니는가 하면, 입체판화 작품에 투명 아크릴을 씌워 응접 테이블로 쓴다. 그 테이블은 수백 만 원짜리 수입가구보다 훨씬 아름답고 독특했다. 생활 속에서 미술을 감상한다는 건 바로 이런 것이 아닐까?

내가 좀 더 이 책을 일찍 읽었더라면 현대미술에 대해 무조건 겁내거나 싫어하지 않았을 텐데……. 현대미술을 어려워하거나 두려워하는 사람들에게 기꺼이 빌려주고 싶은 책이다.

● ● ●

현대 미술을 보는 냉정한 잣대, 돈

키숀처럼 현대미술에 냉소를 보내든, 김지은처럼 미소를 보내든, 그 어느 쪽이라 하더라도 현대미술과 떼놓고 생각할 수 없는 게 있다. 바로, 돈!

싸구려 미국 만화의 한 컷 같은 로이 리히텐슈타인의 「행복한 눈물」한 점이 30억 원을 호가한다. 삼성가 덕분에 전 국민이 로이 리히텐슈타인이라는 어려운 이름의 작가를 알게 된 것이 잘된 일인지 아닌지는 모르겠지만, 아무튼 그것이 돈과 연관되지 않았다면 대기업 총수가 검찰에 불려가 조사까지 받지는 않았을 게다.

오늘날 돈과 연관되지 않은 미술 작품을 찾아보기란 힘들다. 현대 미술을 바라보는 가장 차갑고도 정확한 시선은 '돈'이다. 『돈이되는 미술』(김순응 | 학고재)은 미술계에서 알아주는 컬렉터 김순응이 쓴 책이다. 이분은 하나은행에서 오랫동안 일한 경제통으로, 현재는 K옥션의 대표이다. 하나은행에 다닐 때부터 알 만한 사람은 다 아는 미술통으로, 한국 현대미술을 다루는 책에는 거의 이분의 이름이 나온다.

이 책은 왜 그림에 투자해야 하는지, 그림에 투자하여 수익을 내기 위해서는 어떤 요령이 필요한지, 그림 보는 눈을 기르기 위해서는 어떻게 해야 하는지 친절하게 짚어준다. 왜 어떤 화가는 초기작이 비싸고, 어떤 화가는 후기작이 비싼지 알려주며, 요즘 그림 값이 오르고 있는 중국화가나 한국화가에 대한 정보도 알려준다.

화가의 고충 정도나 알고 있었던 내가, 컬렉터나 관리자의 고충에 대해 생각해보게 된 것도 이 책을 통해서다. 고흐 동생 테오의 아내 요한나 봉허르 반 고흐는 이런 글을 남겼다.

어린 자식들을 돌보는 일 외에 남편 테오는 내게 또 하나의 일거리를 남겨 주었다. 반 고흐의 그림들이었다. 되도록 많은 사람들에게 보여주고 평가를 받아야 한다. 테오와 빈센트가 평생 동안 수집한 보물들을 어린 빌렘의 손에서 안전하게 보관하는 것도 내게 주어진 일거리다. 내 삶에 두 가지 목표가 있건만 나는 언제나 외롭고 쓸쓸할 따름이다.

고흐가 죽고 난 후 최초의 컬렉터였을 그녀의 쓸쓸한 마음이 느껴진다. 이랬던 고흐의 그림이 이제는 수십 억 정도로는 덤벼보지도 못할 작품이 되었다니 격세지감이다.

『그림쇼핑』(이규현 | 공간사)은 조선일보 기자가 쓴 책이다. 기자들이 쓴 책들은 대체로 재미있다. 아무래도 기사를 통해 대중적인 글쓰기 훈련이 되었기 때문이지 싶다. 저자는 크리스티 경매장의 인턴 생활을 포함, 뉴욕에서 2년이나 공부한 미술 전문가로, 조언들이 구체적이다.

월급쟁이가 그림을 구입하기 위해서는 어떻게 하면 되는지, 화랑에서 사는 게 좋은지 경매장에서 사는 게 나은지, 누구의 어떤 그림을 사야 향후에 오를 수 있는지, 요즘 세계의 컬렉터들은 어떤 화가의 작품을 사는지 꼼꼼하게 가르쳐준다.

『돈이 되는 미술』이 경매와 그림 투자에 대해 광범위하고 깊이 있게 다뤘다면 『그림쇼핑』은 실제로 그림을 사고 싶어 하는 사람들을 위한 친절한 가이드북이다. 책 중간에 두꺼운 아트지로 화보가 들어가 있어 세계에서 가장 비싼 그림들을 구경할 수 있다.

그런데 어쩌나? 이런 책들을 읽고 나면 후유증이 생긴다. 바로 그림을 사고 싶어지는 병이다. 잘 모를 때는 전시회에 가도 그저 쳐다보기만 하다 왔는데, 그림을 돈 주고 살 수 있다는 사실을 알게 된 후로는 전시장에 가면 꼭 그림 값을 물어보게 된다. 행인지 불행인지 마음에 드는 그림은 엄두도 못 낼 만큼 비싸다.

그런 날이면 집으로 돌아오면서 내가 비슷하게 그려보겠다고 결심한다. 내가 그린 그림을 액자에 넣어 벽에 걸면 그거야말로 생활 속의 예술 아니겠는가? 그런 생각을 한 지 10여 년이 넘어가는데도, 내 방 벽에는 내 그림이 아직 한 점도 걸려 있지 않다. 이런 걸 보면 예술이란 아무나 하는 게 아니다.

part 5

치유
Therapy

희망은 늘 두려움과 함께 온다.
두려움은 저 혼자서도 오지만, 희망은 혼자 오는 일이 없다.
그래서 희망을 향해 창을 열 때는 각오가 필요하다.

– 그림 같은 세상(황경신)中 –

chapter 01

나도 모르는
내 마음의 매커니즘

• 심리치료 •

모든 인간관계의 핵심요소 : 아버지 | 사람풍경
정신과 의사의 콩트 | 스키너의 심리상자 열기

누구에게나 사는 동안 화두가 되는 사람이 있을 것이다. 내겐 아버지와 동생이 그렇다. 우리를 아낌없이 사랑해주던 엄마가 고등학교 때 돌아가시고, 무섭기만 했던 아버지를 '엄마' 라는 쿠션 없이 맞닥뜨리게 된 그 몇 년은 내 인생의 지옥이었다. 나이를 먹어가면서 일정 부분 아버지를 이해하게 되었지만 아마도 죽는 날까지 제대로 이해하지는 못하리라.

'아버지와 나' 라는 노랫말에서 가수 신해철은 '스펀지에 잉크가 물들어가듯' 아버지를 닮아간다 했고, 노희경 작가의 드라마 「거짓말」에서 이성재는 "저 사람을 이해할 수 없으니 왜 저럴까? 자꾸 생각하다 결국 사랑하게 됐다."고 했다.

아버지에 대한 내 양가 감정은 이 두 사람의 말에 모두 들어 있다. 아버지를 미워하면서도 나이가 들수록 닮아가는 나를 자각하면서, 이해할 수 없는 아버지를 이해하려니 힘들었다.

아버지에 대한 애증은 나의 특이한 가족사에서 유래되는 감정이라고 생각했는데, 남자와 여자를 막론하고, 아버지와 좋은 관계를 유지하고 있는 사람을 만나는 일이 드물었다. 그만큼 우리나라에서는 '아버지와의 불화'가 보편화된 일 같았다.

● ● ●

내 인생의 주도권을 찾아서

아버지와의 불화는 이 나라만의 일도 아닌 것 같다. 『모든 인간관계의 핵심요소 : 아버지』(스테판 B 폴터 | 송종용 | 씨앗을 뿌리는 사람)에는 다섯 가지 유형의 아버지가 소개되어 있다. 그런 아버지 밑에서 자란 사람들이 어떤 성격적 결함을 가지며, 사회생활을 할 때 어떤 부분에서 갈등을 일으키는지 나와 있다.

'배려하는 멘토형'이라는 이상적인 아버지를 제쳐놓으면 네 가지 유형의 아버지가 남는다. 나는 우리 아버지가 그 중 '성취지상주의형'이라고 생각했다. 그런데 책을 읽어보니 '시한폭탄형+부재형' 아버지였다. 나처럼 아버지가 인생의 화두인 친구가 있는데, 그 아버지는 '수동형' 아버지다. 이야기를 들어보면 우리 아버지처럼 화 잘 내고 폭력적인 아버지도 문제지만, 혼자 욕실에서 자기 속옷과 양말을 빨고 있다는 그 아버지도 참 곤혹스러웠다.

이 책을 읽으면, 기억의 저장고 밑에 겨우 가라앉혀 놓았던 어린 시절의 아픈 기억들이 자주 떠오른다. 내가 우리 아버지를 성취지상주의형으로 생각했던 것도 기억하기 싫은 모습은 지우고 내 마음대로 변형, 왜곡시켰기 때문이다.

겨우 지운 기억을 다시 떠올리는 것이 괴롭더라도 책을 덮지는 말자. 계속 읽어나가다 보면 나의 성격 중 고치려고 해도 잘 고쳐지지 않았던 부분이 내 탓이 아니라 아버지의 영향일 수도 있다는 걸 알게 되고, 그 성격을 고치기 위해 어떻게 하면 되는지도 배우게 된다.

대부분의 심리학 서적에서는 미워했던 사람에게 편지를 써 보자느니 거울을 보고 스스로에게 격려의 말을 하라느니 도무지 내키지 않는 처방전을 제시해서 괜히 마음의 부담만 생기는데, 이 책은 아버지의 영향에서 벗어나기 위해 아버지와 화해하라고 강요하지 않아서 좋다.

우리의 아버지에게 빚을 갚으라고 요구하던 것에서 빚을 탕감해주는 정신적 변화를 할 때, 삶의 질은 즉각적으로 향상된다. 왜냐하면 아버지는 결코 우리의 빚을 갚을 능력이 없기 때문이다. 우리의 아버지는 정서적으로 파산했다. 아버지를 고칠 방도는 없다. 아버지에게 빚을 상환하라고 요구하는 것은 나의 성장과 발달을 지연시키기만 할 뿐이다.

그저 '내 인생의 주도권은 내가 가지고 있다'는 것을 알기만 해도 많은 것이 바뀔 수 있다. 이 책에서는 수치심, 집중력 부족, 동기 부족, 정서적 미성숙 등 일곱 가지 아버지 요인(Father Factor)을 지적한다. 즉 집중력이 없거나 동기가 부족한 것도 아버지의 영향일 수 있다는 것이다.

나는 스스로 수치심이 많은 인간이라고 생각했는데, 책의 진단에 따르면 수치심은 평균적이었고, 오히려 분노가 사회생활에 장애가 되고 있다는 걸 알았다. 또한 의외로 실패할까 두려워하고, 사람들에게 사랑받지 못할까 봐 두려워한다는 것도 알게 되었다.

나처럼 이 책을 읽는 사람들도 자신의 성격적 결함에 대해 적절한 원인과 진단을 처방 받을 수 있을 것이다.

아버지에 대한 기억이 나빠서 '나는 절대 그렇게 살지 않을 거야' 하거나, 혹은 무의식적으로 비슷하게 살거나 간에 우리는 아버지의 영향력 아래 살고 있다. 그것조차 부정할 필요는 없다. 다만 그 영향력을 좋은 방향으로 컨트롤 할 수 있다고 이 책은 말한다.

집을 리모델링해 보았다면 그 기억을 떠올려보라. 집을 확장하고 바꾸는 공사를 하는 동안 모든 것이 더러워지고, 먼지가 가득하고, 짐을 이리저리 옮겨야 한다. 우리의 내적인 생활도 마찬가지다. 변화는 매우 혼란스러울 수 있다. 하지만 언젠가 우리의 생활은 다시 균형을 찾을 것이고 향상될 것이다.

수십 년간의 상담을 통해 아버지 요인을 발견한 사람이 쓴 책이라 뜬구름 잡는 이야기도 아니고, 열악한 가정환경에 대한 사례도 풍부하다. 어떤 아버지라도 배울 점이 있다고 써놓은 마지막 부분에서는 살짝 감동했다.

이런 책을 찾아 읽고, 부단히 아버지를 이해해보려는 내 노력이 헛되지 않다고 등 두드려주는 느낌을 받았다.

● ● ●

우울증과 분노에 관한 조언

내가 아버지를 이해하기 위해 책을 찾아 읽었듯이, 소설가 김형경은 자신에게 닥친 엄청난 일을 이해하기 위해 엄청난 양의 심리학 서적을 독파했다. 나는 김형경의 소설을 읽을 때마다 이 작가가 재능 있는 작가인지는 모르겠지만, 성실한 작가임에는 틀림없다고 느낀다. 엄청나게 읽어대고, 공부하고, 취재하여 한 편의 소설을 완성한다. 때로는 자신을 실험 대상으로 내놓기도 한다.

『사람풍경』(김형경 | 예담)은 '심리 여행 에세이' 라는 부제보다, 정신과 전문의 정혜신이 정의한 '문학적 향기가 나는 정신분석서' 라는 표현이 깔끔하게 맞아떨어지는 책이다. '문학의 향기가 나는 정신분석' 이란 매력적이어서 이 책의 구절구절들이 인터넷 여기저기를 떠돌고 있다. 그만큼 공감하는 사람이 많다.

그녀는 에세이조차 성실하게 쓴다. 여행 에세이 안에 정신분석학의 다양한 분야를 다루었다. 저자는 비전공자의 자유를 마음껏 누렸다고 하지만, 같은 비전공자가 보기에는 상당히 전문적이고 깊이가 있다.

우울증이 찾아오면 틀림없이 이런 상황 중 하나다. 일주일 이상 운동을 하지 않았거나, 너무 오래 사람을 만나지 않은 채 틀어박혀 있었거나, 심하게 추위에 노출되거나 햇볕을 적게 쬐었을 경우이다. 우울증에서 빠져나오는 가장 좋은 방법은 운동이다. 운동복을 갈아입고 20분 정도만 걷거나 달리면 부정적인 생각들이 가라앉고, 40분 정도 지나면 마음이 편안해지고, 한 시간쯤 지나면 창의적인 아이디어가 솟아오른다.

이 방법은 저자가 우울증을 10년 이상 앓고 나서야 터득한 방법이라고 한다. 이 책을 읽은 후 가끔 친구들이 전화를 걸어 우울하다고 하면 나는 바로 밖에 나가 달리기를 하라고 종용한다. 마음은 복잡한 메커니즘으로 움직이는 것 같지만, 사실은 매우 단순해서 몸을 움직이기 시작하면 마음이 금방 따라간다. 혼자 방구석에 박혀 우울해하는 사람들은 지금 당장 실천해 보자. 기분이 금방 달라질 것이다.

분노에 대해서는 '5분 이상 화가 난다면 그건 나의 문제다'라고 명쾌하게 짚어준다. 그냥 웃으며 넘어갈 수 있는 일에 필요 이상 흥분하여 화를 내고 나서 후회한 일이 누구에게나 있을 것이다. 그런 경우는 상대방이 실수 했다기보다 내 안의 분노가 잠자고 있다가 건드려진 경우다. '무엇보다 분노는 가장 믿을만한 사람에게 표출되어 친밀한 관계를 그르치고 생을 퇴행시키는 원인이 된다.'

삶이 원래 불안정한 것인데 '내 삶이 안정되면 그때…' 하며 미루는 것은 내면이 불안하다는 증거라고 한다. 내 삶이 부유하는 것처럼 느껴진 것은, 삶이 불안해서가 아니라 내 마음이 불안하기 때문이었구나!

'사랑의 반대말이 증오나 분노가 아니라 '무관심' 이듯 생의 반대말은 죽음이나 퇴행이 아니라 '방어의식' 이 아닐까 싶다. 방어의식은 사람을 영원히 자기 삶의 바깥에서 서성이게 만든다.' 라는 문장에도 밑줄을 그었다.

심리학 전공자들은 이런 책에 너무 심하게 빠져들지는 말라고 충고한다. 정신분석이란, 심리학 중에서도 작은 부분이고 그 부작용 또한 현대 의학에서 계속 지적되고 있다고 하니, 스스로 돌아보고 활용하는 용도로 지혜롭게 읽으면 좋겠다.

● ● ●

마음의 감옥을 짓는 사람들

시나리오의 캐릭터 발굴을 위해 이상심리학 시리즈를 스터디한 적이 있다. 시나리오든 소설이든 이야기를 만드는데 가장 중요한 것은 인물(캐릭터)을 형상화하는 것인데, 사람에게 다양한 면이 있다지만 극단적인 심리에 대해서는 공부를 해야 이해할것 같았다.

그런데 국내에 나와 있는 이상심리학 시리즈가 전문적이라서 읽

어봐도 내용을 이해하기 힘들뿐더러 상담자(의사) 입장에서 서술한 것이라 우리가 기대하던 바와 달랐다. 그럴 즈음 『정신과 의사의 콩트』(프랑수아 클로르 | 정재곤 | 북하우스)를 만났다.

신경정신과 전문의가 추천사에 써놓길, 그동안 읽을 만한 책을 권해달라는 부탁을 받을 때마다 마땅한 책이 없어서 곤혹스러웠는데 이 책이 나온 후 자신 있게 이 책을 추천한다고 했다. 과연 그럴 만했다. 증상별로 사연을 소개하고, 케이스마다 상담방법과 치료방법, 그 후 경과까지 보고되어 있다.

모든 사연이 소설처럼 흥미진진하게 읽힌다.

'양극성 장애'라는 것은 조증과 울증을 반복하는 병으로, 조증에서 울증으로 넘어간 초기에 자살률이 높아지는 굉장히 무서운 병이라고 한다. 나는 샤갈 같은 천재들이 평생 조증이었다기에 나도 조증이면 좋겠다고 부러워한 적이 있는데, 큰일 날 뻔했다. 조증일 때 카드 팍팍 긁고, 골든벨을 울려서 술값을 내는 등 책임지지 못할 일을 해서 주변 사람들을 괴롭힌다는 사례를 읽고 나니, 조증도 노땡큐!

우울증을 꼭 치료받아야 하는 이유는, 자신이 우울증에 걸렸다는 사실을 깨닫게 되면 약을 먹거나 상담을 받고 주변의 도움을 구하여 자살에 이르지는 않기 때문이라고 한다. 병으로 인식하지 않으면 극단으로 가서 위험한 것이 우울증이다.

책을 읽을 당시 영화배우 이은주가 가버린 후라 우울증 파트를 읽는 내내 그녀의 얼굴이 아른거렸다. 아마 요즘 읽으면 최진실의

모습이 생각나지 않을까 싶다. 에효~

• • •

인간을 파헤친 열 가지 실험

수능특강이 아니면 EBS의 존재 이유조차 없다고 생각했던 사람들도 EBS로 채널을 돌리게 만들었던 「지식채널-e」라는 프로그램이 있다. 1~2분 정도의 약간 긴 CF 같은 구성에 녹록치 않은 메시지와 내용을 담아 방송 프로듀서상, 좋은 방송상 등을 수상했다.

여기에 단골로 등장하는 책이 있으니 바로 『스키너의 심리상자 열기』(로렌 슬레이터 | 조증열 | 에코의서재)다. 현대 정신의학계의 센세이셔널한 10가지 실험에 관한 이야기를 취재하여 쓴 이 책은 지금 읽어도 가히 충격적이다.

철로 만들어진 엄마보다는 보송보송한 수건을 뒤집어쓴 엄마를 더 좋아하는 원숭이, 몇 번의 이야기 반복으로 자신의 기억을 바꿔 버리는 사람들, 여자가 칼에 찔리고 있는 장면을 목격하고도 신고하지 않은 38명의 사람들, 우울증 치료를 위해 전두엽 절제 수술을 실시한 의사 등 놀라운 이야기가 펼쳐진다. 「지식채널-e」를 열심히 본 사람이라면 낯익은 실험이 많을 것이다.

단지 명령자가 하얀 의사 가운을 입고 있었다는 이유로, 그 권위에 복종하느라 양심의 가책을 받으면서도 피실험자에게 전기고문을 가하는 스탠리 밀그램의 실험을 보며, '내가 만약 그 자리에 있었더라면 꽤 많은 볼트까지 올리지 않았을까?' 하는 생각에 오싹해졌다. 나치의 유대인 학살 배후에는 인간의 이런 심리가 숨어 있었던 것이다.

데이비드 로젠한이 멀쩡한 사람들을 정신병원에 보내 정신병 진단을 받게 한 실험도 놀랍다. 의사들보다는 오히려 환자들이 정상인을 더 잘 가려냈다고 한다. 정신 이상과 정상의 경계는 종이 한 장 차이라는 걸 보여준다.

저자가 주관적인 관점으로 이 실험들을 설명하고 있어 처음에는 무척 걸리적거렸으나, 읽어갈수록 저자의 윤리적인 질문에서 배우는 것이 많았다. 어린 딸을 상자 속에 가둬놓고 밥과 물만 주며 키워서, 결국 그 딸이 나중에 자살했다는 소문이 정설로 굳어진 스키너 박사의 경우, 저자가 취재를 통하여 딸이 잘 살고 있다는 걸 확인해 준다.

복종에 관한 전기충격 실험에서 저항을 했던 사람과 복종을 했던 사람이 그 실험의 진실을 알고 난 뒤 인생을 어떻게 살았나 취재한 결과도 놀라웠다. 비록 실험 당시에는 권위에 복종했지만, 그 실험을 통해 자의식을 갖고 반성하여 사회운동에 투신한 사람도 있었다. '인간은 이렇다'고 결정짓는 것처럼 보이는 정신의학보다 사람의 자의식이 더욱 위대하다는 걸 보여주는 이 취재 뒷이야기들이 더 여운이 길다.

내가 내 마음을 100% 알고 통제한다면 세상은 얼마나 심심하고 재미없는 곳이 될까? 인간은 알면 알수록 복잡한 동물이며, 결정론이 기승을 부릴수록 인간 정신이 우위에 있다는 것을 보여주는 사례들은 점점 늘어난다.

평생 연구해서 알아갈 무엇이 있다는 것은 얼마나 신나는 일인가? 내 마음을 옆에 두고 시간 날 때마다 힘들 때마다 들여다보고 도닥거려 보자. 인생이 풍부해진다. 물론 마음의 병을 앓고 있거나 온전한 사회생활이 힘든 상태라면 혼자 해결할 생각 말고 당장 병원으로 달려가 도움을 받아야겠다.

chapter 02

우울한 기분을
날려 보내자

· 웃음치료 ·

유쾌하게 나이 드는 법 58 | 개를 위한 스테이크 | 홍차를 주문하는 방법 | 뷰티풀 몬스터
어느 수상한 여직원의 판매 일기 | 마이너리그 | 삼미슈퍼스타즈의 마지막 팬클럽 | 인더풀

내 친구 중에는 우울한 날이면 액션 영화를 보는 이가 있다. 그녀는
액션 영화 비디오를 틀어놓고 캔맥주를 따 마시며 "그래, 더 쳐, 더
세게!" 하면서 울면 스트레스가 풀린다고 한다. 한 번도 본 적은 없
지만, 상상만 해도 괜스레 웃음이 새나온다.

　다른 친구 하나는 누군가가 자신을 화나게 하면 미지근한 물 반
컵에 커피믹스를 두 봉지 뜯어 넣어 저은 다음 원샷 한다고 한다.
머리가 띵~해지면서 기분이 나아진다고 한다. 미지근하고 진한 커
피라니, 상상만 해도 속이 울렁거린다.

성격 무난한 나는 재미있는 것을 함으로써 우울함을 날려 보낸다. 친구와 맛있는 거 먹으러 가서 수다를 떨어도 좋고, 코미디 영화를 봐도 좋지만, 혼자 하기에 좋은 것은 재미있는 책을 빌려다 낄낄대며 읽는 것!

● ● ●

인생 선배의 유쾌한 충고

나는 『○○하는 법』류의 책을 매우 싫어한다. 『유쾌하게 나이 드는 법 58』(로저 로젠블라트 | 권진욱 | 나무생각)은 내가 아는 출판사에서 나온 책이다. 이 출판사가 이 책 덕분에 수 년 묵은 빚을 털고 일어섰다는 말을 들었지만, 여간해서는 『○○하는 법』이라는 책을 안 읽기 때문에 그런가 보다 하고 말았다.

그러다 어느 날, 인터넷 교보문고에서 고승덕 변호사가 이 책을 지금까지 무려 10번도 넘게 읽었다는 인터뷰를 봤다. 도대체 어떤 책인데 10번씩이나? 그리하여 이 책을 들춰봤는데, 첫 장에 '이 책을 아내 지니에게…(제21의 법칙 '가'를 보라)'라고 되어 있었다. 호기심이 발동하여 21법칙을 찾았다.

21. 남자와 여자가 사이좋게 살아가려면
　가. 그녀가 옳다.
　나. 그는 정말 아무 생각이 없다. 정말로.

우하하하! 그 순간 이 책을 읽기로 결심했다. 통상적으로 생각하는 『○○하는 법』이라는 책과는 판이하게 달랐던 것이다. 나이든 칼럼니스트인 저자는 자신이 겪어왔던 사실들을 토대로 58가지의 금싸라기 충고를 던진다. 그 충고가 공자왈 맹자왈 하지 않고, 무척 유쾌하게 읽을 수 있는 것들이다. 58가지 법칙 중 내 마음에 들었던 것들은 이런 것들이다.

2. 당신만 생각하고 있는 사람은 아무도 없다.

3. 나쁜 일은 그냥 흘러가게 내버려 두라.

5. 당신이 잘못한 일은 당신이 먼저 야유를 퍼부어라.

19. 외로움보다는 싸움이 낫다.

20. 그리고 친하지도 않은 사람들을 만나는 것보다는 외로움이 낫다.

33. 친구에게 그 친구를 중상하는 소식을 전해주는 사람이 되지 말라.

40. 행복한 인생은 길어봤자 5분이다.

42. 자기반성은 적당하게 해야 오래 산다.

55. 당신이 정말 이상하게 굴면, 세상 사람들이 적응해줄 것이다.

아! 그리고 가장 좋았던 말.

인생은 전속력으로 부딪치는 사람에게만 아름다운 보상을 해준다. 전속력으로 부딪치며 사는 것이 더 재미있을 뿐만 아니라 훨씬 안전하다.

소심남의 낄낄대는 유머

요즘 소심한 사람이 대세인 것 같다. 적어도 만화가나 작가들 사이에서는 그렇다. 그들은 면전에서 대놓고 뭐라 하기보다는 속에 꽁꽁 숨겼다가 지면을 통해 투덜거리듯 자신의 심정을 드러냄으로써 사람들에게 웃음을 준다. 이런 책은 폭소를 터뜨리기보다 낄낄대면서 즐기기에 알맞다. 웃음의 형태도 소심하다고나 할까?

『개를 위한 스테이크』(에프라임 키숀 | 프리드리히 콜사트 | 최경은 | 마음산책)는 독설가로 유명한 유대인 칼럼니스트 에프라임 키숀의 에세이로, 자기 가정의 일상사를 담았다. 잘 나신 아내, 고집쟁이 딸, 줄무늬 추잉껌을 좋아하는 아들, 주워온 개와 고양이, 아이를 돌봐주는 할머니까지 함께 살고 있는 이 정신없는 가정의 일상사가 배꼽 빠지게 한다.

표제작인 '개를 위한 스테이크' 는 주말마다 가족들이 외식하는 레스토랑에서 많은 양의 스테이크를 줘서, 남긴 걸 싸가지고 와서 먹고 싶은데, 차마 우리가 먹겠다는 말을 못하여 "우리 개에게 주겠다."며 싸달라고 하는 이야기다.

옆에 앉아있던 수의사는 개에게 구운 고기를 주면 죽는다고 참견하고, 식당에서는 신문지에 둘둘 말아주거나 비닐봉지에 다른 뼈와 간과 창자 등을 넣어 주는 식으로 매번 골탕을 먹인다.

이렇게 몇 번 하다 보니 스테이크에 물려 더 이상 먹고 싶지 않은데도 식당에서는 계속 고기를 싸준다. 결국 가족들은 "개가 죽었

다."고 거짓말을 하고, 수의사는 "내 말이 맞지 않느냐?"라며 노발
대발한다는 이야기.

　일본에도 이 못지않은 소심남이 있다. 『홍차를 주문하는 방법』(츠
지야 켄지 | 송재영 | 토담미디어)의 츠지야 겐지는 '환자는 병원에 가는 것
만으로도 불안해서 가슴이 벅차게 된다. 마치 아내가 "말할 게 있
다."며 곁으로 다가오는 것 같은 심정이다. 의사 앞에 다가갈 때에
는 아내가 "거기에 앉아."라고 할 때처럼 불안과 긴장감이 고조된
다.' 고 할 정도로 소심하다.
　그는 학교에서는 조교를, 집에서는 아내를 무서워하고, 책을 내
고 나서는 사보지 않는다고 투덜, 자신의 제자인 만화가가 어째서
자기보다 인기 있는지 모르겠다며 투덜댄다. 헬스클럽에서 실컷 땀
빼고, 식당에서 혈기왕성하게 먹고 있는 여자들을 바라보며 '그녀
들은 비만을 두려워하고 있음에도 불구하고 동시에 왜 비만을 두려
워하고 있지 않는 것일까? 아무리 논리를 초월한 문제라고 해도 정
말로 이해할 수 없다. 내 생각은 이렇다. 먼저, 여성은 원래부터 무
엇을 진심으로 두려워하는 능력이 부족하다. 아니면 '지방은 일시
적인 것이다' 라고 생각하고 있는 것은 아닐까? 확실히 지방은 붙
어 있지만 이것은 본격적으로 다이어트를 시작할 때까지의 일시적
인 것이고, 비만이라고 해도 일회성 비만에 지나지 않는다.' 고 하
는 신념을 몇 십 년이나 계속해서 품고 있는 것이다.' 라고 생각한
다. 일회성 비만이라니…무지 뜨끔했다.

평생 어른 되기는 글렀다는 소리는 아마 이런 남자들에게 하는 말일 텐데, 그 덕분에 엔돌핀 팍팍 도는 웃음이 터져 나오니, 평생 철들지 마시고 이런 이야기나 들려주면 좋겠다.

• • •

강한 언니의 파워풀한 유머

영화사 다닌다는 우리들의 거짓말에 홍상수 영화에 대한 전문 비평 가식 논평으로 잘난 척하던 남자를 향해 나는 이런 말을 날렸다. "아, 그런 어려운 말은 잘 모르겠고요, 홍상수의 「오! 수정」은 한 번 따먹으려고 주접떠는 남자들 얘기라는 것 정도만 접수하고 있어요." 순간 남자들 분위기 썰렁해지고 후배들은 나에게 살짝 눈을 흘겼다. 사실 그 남자들이 서울대 운운만 안 했더라도 그렇게까지는 하지 않았을 것이다.

척하는 남자들의 꼴을 보지 못하고 한방 날려주시는 이 언니는 잘 나가는 패션 잡지의 기자다. 뉴욕에 「섹스 앤더 시티」의 캐리가 있다면, 서울에는 『뷰티풀 몬스터』(김경 | 생각의 나무)의 김경이 있다. 그녀의 글은 웃기기로 치자면 누구 못지않은데, 그 스타일이 소심하지 않고 통쾌 상쾌 발랄하다.

게다가 그녀의 주장은, 제대로 들어보면 감탄사가 나올 정도로 명쾌한 이유를 가지고 있어서 더욱 마음에 든다. 그녀는 멋으로 매달 몇 만 원씩 기부금을 낸다고 한다. 그리고는 기부에 대한 철학을 왈가왈부하는 사람에게 똥침을 날린다.

쳇, 지금 당장 가난한 아이들을 도울 수 있는 사람들은 책상머리에 앉아서 우리시대 가난의 문제에 대해서 진지하게 성찰하는 이들이 아닌 것이다. 나처럼 멋으로라도 기부 활동에 참여하는 속물들이다. 그러니 그게 모방이든, 위선이든, 가식이든 혹은 섣부른 동정이든 어떠랴 싶다.

테레사 수녀 같은 봉사를 평생 할 수는 없겠지만, 인생이 나락으로 떨어졌을 때 아프리카로 날아가 아이들과 지내고 싶다던 김경의 글은 인생의 바닥에서 '자살' 말고도 할 것이 무궁무진하다는 사실을 가르쳐준다.

삶을 선택하기 위한 명분이 반드시 거창한 것일 필요는 없다. 내가 오늘 살아서 간장게장을 먹을 수 있다는 사실, 그것만으로 족한 것이 아닌가? 아마도 '산다는 것의 경건함'은 그런 것이지 싶다. 물론 간장게장만으로 족하지 않은 순간도 있을 것이다. 내가 지금 서 있는 이곳에서 아무런 희망도 의미도 발견할 수 없는 순간… 그런데 생각해보면 그런 순간이 오는 것도 나쁘지 않다. 어떤 면에서 나는 그날을 기다리고 있다. 최악의 순간이 와야만 비로소 할 수 있는 것들이 있기 때문이다. 지금은 가진 게 너무 많아서 결코 떠날 수 없지만 그때가 되면 마음 한편에서 언제나 가고 싶었던 곳으로 갈 수 있을 것 같다. 지금은 밥그릇 채우느라 할 수 없지만 그때가 되면 내 모든 잡욕을 버리고 좀 더 숭고한 일에 매달릴 수도 있을 것 같다.

『어느 수상한 여직원의 판매 일기』(김선미 | 리젬)는 할인마트에서 판매직원으로 일하는 여성의 애환을 유머로 버무린 책이다. 조용한 도서관에서 읽다가 터져 나오는 웃음을 어쩌지 못해 손으로 입을 막고 읽었다.

명절 시즌에 한복을 입고 재고박스 위로 기어 올라가 15킬로그램 짜리 박스 수십 개를 내던진 후 선물세트를 건져 올리는 장면이나, 매실 철에 20킬로그램짜리 설탕 포대 수백 개를 쌓아올리고 자판기 커피 한 잔 마시고 오면 흔적도 없이 동이 나는 사태를 어찌 웃음 없이 읽을 수 있겠는가?

감사가 뜨면 안 보이도록 숨는 이야기나 꼬리만 없지 악마 같은 요즘 아이들에 대한 험담도 이어지지만 저자가 자신의 직장에 엄청난 애정과 열의를 가지고 있는 것이 느껴진다. 웃고 있지만 눈물이 난다는 말은 이 책을 읽는 직장인의 심정을 대변하는 것 같다.

• • •

보잘것없는 당신을 격려하는 소설
책장을 넘길 때마다 자지러지게 웃다가, 마지막 책장을 덮을 즈음엔 마음이 따뜻해지는 소설이 있다. 다른 사람들도 나처럼 고군분투하며 살고 있구나 하는 느낌을 가지게 만드는 글은 읽는 동안 유쾌하고, 읽고 나서는 위로 받는 느낌이다.

여자가 썼다고는 믿기 힘든 『마이너리그』(은희경 | 창작과비평사)는 58년 개띠 4인방의 이야기다. 고등학교 시절 숙제를 하지 않은 관계로 만수산 드렁칡처럼 엮인 이들은 어른이 되어서 잘 살고자 발버둥치지만 세상살이가 쉽지 않다.

잘 생긴 얼굴로 소희와 연애를 했던 배승주는 호랑이 같은 간호사 아내를 만나 일정한 직업 없이 사업구상만 들입다 하고, 승주의 연애편지를 대신 써주던 나는 카피라이터로 밥 벌어 먹고 있다. 학교 다닐 때부터 뻥쟁이로 유명했던 조국은 사진작가 조수로 일하며 친구들을 멕시코 교민 이벤트에 끌어들인다.

주로 현대 여성을 주인공으로 냉정하게 세상을 보던 은희경이 어찌 이렇게 남자들의 속마음을 들여다보는 소설을 쓸 수 있었는지 신기하다.

은희경은 『새의 선물』로 등단하기 전에 카피라이터로 일했다. 『삼미 슈퍼스타즈의 마지막 팬클럽』(박민규 | 한겨레신문사)으로 화려하게 등장한 박민규 역시 광고대행사에서 카피라이터로 일했다고 한다. 이 소설가들의 전직은 나에게 희망고문과도 같다. 소설가가 되기 전 선생님이거나 공무원인 사람도 숱하게 많은데, 유독 카피라이터에만 레이더를 맞추고, 그들이 나의 미래려니 착각하면서 글을 쓰고 있다.

이 소설들은 삼류 인생을 살아가는 루저들이 주인공이라 지독히 현실적이면서 읽는 동안에 끊임없이 웃을 거리를 준다.

『삼미 슈퍼스타즈의 마지막 팬클럽』은 1982년 창단된 프로야구에서 전무후무한 기록으로 18연패까지 기록했던 삼미 슈퍼스타즈에게 소년 시절을 빚진 '나'와 친구 조성훈의 이야기다.

인천에서 태어난 죄로 삼미를 응원하다 쓴 패배를 맛보고, 산전수전 겪던 주인공이 일본에서 돌아온 조성훈 덕분에 인생을 즐기게 되고, 삼미 슈퍼스타즈의 팬클럽 창단식까지 하게 된다.

글을 푸는 솜씨나 스타일이 양아치적인데 비해 이면을 포착하는 눈길이 상당히 날카롭고, 어떤 구절들은 사람 마음을 갑자기 먹먹하게 만들기도 한다.

하나님은 사람 각자에게 넘치도록 많은 시간을 주셨는데, 사람들이 시간 없다, 바쁘다고 하는 것은 그 시간을 누군가에게 돈 받고 팔아 버리기 때문이다. 알고 보면 인생의 모든 날은 휴일이다.

신입사원 시절에는 월급이 나의 재능의 대가라고 생각했으나, 직장생활 몇 년 만에 월급은 내 인생을 저당 잡히는 대가라는 걸 알아 버린 나의 가슴에 콱 들어와 박힌 말이다.

'대한민국의 모든 결혼은 「외눈박이 물고기의 사랑」과 「가정을 버려야 직장에서 성공한다」의 결합'이라는 정의도 우습지만 의미심장하다. 대한민국에서의 결혼에 대해서 이 이상 멋진 정의가 나올 수 있으려나?

내게 오는 공은 힘껏 받아내는 것만이 인생을 사는 정답이라고 생각했던 내게, 힘든 공은 피하고, 어려운 공은 안 받으면서 살자는 이 책의 주장은 눈물 나올 정도로 마음에 든다.

● ● ●

웃다 보면 후련해지는 처방

여기 괴짜 의사가 한 명 있다. 그의 의사 가운에는 '의학박사 이라부 이치로'라는 명찰이 달려 있다. 카운슬링을 원하는 환자에게 이 의사 하는 말.

"에, 카운슬링?" 이라부는 콧날에 주름을 잡으면서 지겹다는 듯이 말했다.
"필요 없어, 그런 거"
"필요 없어요?"
"자란 환경이라든지 성격이라든지, 그런 걸 두고 하는 말인 것 같은데 자라온 환경이건 성격이건 고칠 수 있는 게 아니니까 들어본들 아무 소용없지"

오호호호! 나는 이 한 마디에 시쳇말로 뻑갔다. 『인더풀』(오쿠다 히데오 | 양억관 | 은행나무)의 주인공 닥터 이라부는 분명히 의대를 나와 전문의를 딴 사람이지만, 정신연령은 아무리 잘 봐줘도 초등학교 5학년을 넘기 힘들다. 환자들은 정신 차리려고 병원에 왔다가 의사

가 자기보다 더 이상해서 가자미 눈을 뜨고 의심하지만, 그의 순수함에 무장해제 되어 결국 친구가 된다.

이라부 종합병원의 지하에 위치하고 있는 신경과에는 모든 남자가 자신을 스토킹한다고 생각하는 아름다운 도우미도 오고, 음경강직증에 걸려 24시간 발기상태를 지속하는 이혼남도 오고, 수영중독자와 휴대폰 중독자도 온다.

아수라장을 의식적으로 피한다는 면에서 나는 음경강직증에 걸린 남자와 비슷하고, 사회생활을 오래 해 갈수록 남의 실수를 봐주지 못한다는 면에서 수영 중독증에 걸린 편집자와 비슷하다. 누구라도 이 책에 나오는 환자들에게서 자신의 모습을 발견할 수 있을 것이다.

그런 사람들은 이라부의 유쾌한 처방에 마음을 맡겨보는 게 어떨까? 읽는 것만으로도 근심의 절반은 덜어질 것이다.

닥터 이라부 시리즈는 이 외에도 몇 권 더 있다. 우리나라에는 『공중그네』가 가장 잘 알려져 있지만, 나는 먼저 읽어서 그런지 『인 더 풀』이 더 재미있었다. 앗, 생각해보니 작가 오쿠다 히데오도 카피라이터 출신이네. 헤헤.

chapter 03

이런 삶도 있는데,
나는 괜찮아

• 절망요법 •

자기 앞의 생 | 붕대 클럽 | 침이 고인다 | 딱 90일만 더 살아볼까
깊은 강 | 허삼관 매혈기 | 즐거운 나의 집

광고 회사에 다니는 친구가 설문 조사 아르바이트 일을 준다고 불렀다. 외모로 보나, 경제적인 사정으로 보나, 뭐로 보더라도 내가 그 친구를 부러워해야 되는 처지였다. 그런데 당시 나는 연애를 하고 있었고, 그 친구는 남자친구와 헤어진 직후였다. 일 받으러 가서는 실연당한 이야기, 외롭다는 이야기, 일이 바빠 소개팅 할 시간도 없다는 푸념을 실컷 듣고 돌아오는 길, 남자친구에게 전화하는 내 입꼬리는 올라가 있었다.

사람이란 참 간사한 동물이다. 남이 못 되는 이야기를 들으면 겉

으로는 위로하고 격려하지만, 속으로는 '다행이다' 하는 마음이 번진다. 상대편이 평소에 밉살스럽던 사람이면 '고소하다'는 토핑이 얹히고, 손잡고 울어주는 사이라도 그 짐을 내가 대신 져주고 싶다는 생각이 들지는 않는다. 타인에 대해 우리는 언제나 그럴 것이다.

사람들이 비극을 보는 이유도 내가 아닌 남의 불행에 실컷 울고 정화되는 기분을 맛볼 수 있기 때문이다. 따로 '카타르시스'라는 이름까지 붙은 이 감정은, 우울하고 가라앉아 있을 때 우리를 수면 위로 끌어올려 주기도 한다.

내 인생은 왜 이렇게 풀리는 것도 없고, 힘들기만 한지 한숨이 나올 때, 사람 만나기도 싫고, 혼자 있으면 한없이 아래로 가라앉을 때, 나보다 더 풀리는 것 없고 힘든 인생들을 보며 위로를 받아보자.

● ● ●

그 아이 모모

어른들은 흔히 아이들을 보며 "저 때가 좋았지."라는 말을 자주 한다. 나는 무심코라도 그런 말을 하지 않는다. 아무리 생각해도 난 어린 시절에 걱정 근심이 더 많았던 것 같아서다.

아무것도 아닌 일이 커져서 마음을 누를 때가 많았고, 내가 어떻게 한다고 해서 바꿀 수도 없었으니 말이다. 천지에 근심거리 밖에 없었다. 좀 커가면서 세상 이치를 알게 되고, 감성이 무뎌지면서 오히려 근심이 줄어든 편이라고 할까?

보통 가정에서 자라도 고달픈데, 『자기 앞의 생』(에밀 아자르 | 지정숙 | 문예출판사)의 주인공 모모는 상황이 너무 나쁘다. 모모가 10년간 자란 집은 창녀들이 낳은 아이들을 돌봐주는 전직창녀 로자 아줌마의 집이다. 모모 역시 아빠도 엄마도 본 적이 없다. 규칙적으로 오던 양육비가 끊기고도 로자 아줌마는 모모를 버리지 못한다.

아줌마가 자꾸 살이 찌고, 병이 들자 아이들은 떠나고 결국 모모 혼자 남는다. 아줌마는 '절대 병원에서 의학실험용 쥐가 되어 살지 않겠다' 하고, 모모는 10년간 자신을 돌봐주던 아줌마를 거꾸로 돌보며 그녀와의 약속을 지킨다.

'나는 한 번도 귀찮은 일을 피할 수 있을 정도로 어려본 적이 없었다' 고 모모는 말한다. 이 소설을 읽노라면 그 말이 얼마나 절절하게 와 닿는지 모른다.

성우들이 녹음하기 위해 영사기를 거꾸로 돌리는 장면을 보며 로자 아줌마의 세월도 거꾸로 돌리고 싶어 하는 모모. 향기 나는 젊은 금발머리 나던 아줌마를 좋아하지만 로자 아줌마를 버릴 수 없는 모모. 우산이 자기 친구는 될 수 없지만 돈 벌어주는 도구는 된다는 걸 아는 모모. 빅토르 위고처럼 가난한 사람에 대한 이야기를 쓰고 싶은 모모.

그 아이 모모가 오래도록 마음에 남을 것 같다.

●●●

간단하지만 효과 좋은 치료법

상처받은 사람은 어떻게 위로해 줘야 하는 걸까? 나는 그 방법을 잘 모른다. 진심으로 사과하고 위로해 줬다고 생각했는데, 그건 진짜 사과가 아니라며 만날 때마다 옛 상처를 들춰내는 이도 있다. 진심을 다한 사과란, 받아들이는 사람의 마음에 달렸기 때문에 참으로 어려운 문제다.

『붕대클럽』(텐도 아라타 | 전새롬 | 문학동네)의 아이들은 상처받은 곳에 하얀 붕대를 칭칭 감는 것으로 위로한다. 아픈 기억이 있는 곳, 그곳이 교실이든, 철조망이든, 병원이든 그 곳에 가서 붕대를 감는다. 단지 그것뿐인데도 위로가 된다.

이름이 생긴 거야, 시오. 우울했던 일, 납득이 안 갔던 일, 못 참을 일이라며 마음에 쌓아두었던 일들. 그 감정에 붕대를 감았더니 이름이 붙은 거야. '상처'라고 말야. 상처받으면 아프고, 누구나 침울해지는 게 당연해. 하지만 그래봤자 상처일 뿐이니까, 치료하면 언젠가 분명히 낫는 거잖아.

책을 읽다 눈을 감으면 리본 모양 앙증맞게 철조망에 붙어 있는 하얀 붕대, 하늘로 훨훨 날아가는 하얀 붕대, 가슴과 엉덩이 부위만 빼고 소녀의 몸을 칭칭 감고 있는 붕대들이 떠오른다. 그리고 그런 장면을 떠올리는 것만으로도 마음에 쌓인 것들이 녹아내리는 느낌이다.

텐도 아라타는 『영원의 아이』라는 소설로 이미 어린 날의 상처를 치유하는데 일가견이 있음을 보여준 작가인데, 7년 만에 『붕대클럽』이라는 소설을 들고 돌아왔다. 친구의 상처를 치유해주기 위해 진심을 다하는 청소년들의 마음이 참 따뜻하다. 내 안의 상심과 상처에도 하얀 붕대를 감아보는 건 어떨까? 생각보다 큰 위로가 될지도 모르겠다.

• • •

지상의 방 한 칸

서울 올라와서 한 달이 되어 겨우 40만 원이었던 수습 월급을 받자마자 친척집에서 나가기 위해 방을 구하러 다녔다. 보증금 없이 월세 10만 원 정도의 방을 찾으러 다녔는데, 산비탈 꼭대기의 지하방은 기본이고, 보일러가 안 들어오거나, 여섯 집이 화장실을 함께 쓰는 등 조건이 비참하기 그지없었다.

남산에서 내려가는 버스를 타고 창밖을 보고 있자니, 산꼭대기까지 반짝이는 불빛들로 가득 차 있었다. 저 많은 방들 중에서 내 방하나 없구나 싶어서 눈물이 후두둑 떨어졌다.

『침이 고인다』(김애란 | 문학과지성사)는 지방에서 올라와 고달픈 서울살이를 하고 있는 여자들이 주인공인 단편소설집이다. 지하 방에서 집중호우 기간만 되면 잠 못 들고 뒤척였던 사람, 갑자기 나타난 고향 후배와 비좁은 방을 같이 써야 했던 사람, 창문 없는

고시원에서 살아 본 사람이라면 누구나 절절히 공감할 이야기들이다.

언니가 세 들어 있는 방에 얹혀살러 가는 것도 미안한데 피아노까지 지고 왔다면 얼마나 괴로울까?(도도한 생활) 하룻밤 재워주고 내쫓으려 했더니 자기를 버린 엄마 이야기를 하며 껌을 나눠주는 후배에게 어떻게 나가라는 말이 입 밖으로 떨어지겠는가? 그렇지만 아무리 지적해도 고쳐지지 않는 생활습관들은 또 얼마나 신경 거슬리고.(침이 고인다) 크리스마스이브에 기분 좀 내보려고 여관 골목을 3시간이나 전전하다 라면 박스 안에 신발을 담아둬야 하는 여인숙에 들어간 커플의 기분은 얼마나 참담할까?(성탄특선)

어떤 소설은 특정 부류에게 더 잘 읽히는데, 『침이 고인다』는 지방에서 서울로 올라와 아둥바둥 살고 있는 사람들에게 특효약이다.

나는 이 책을 읽는 내내 조금은 순수했으나 모든 게 버거웠던 옛날의 나로 돌아가 있었다.

● ● ●

자살보다 좋은 선택

좌절이 깊어지다 보면 자살이라는 극단적인 방법에까지 생각이 미치기도 한다. 하나님은 견딜 수 없는 짐은 주지 않는다는 생각으로 살아왔기에 심각하게 자살을 고려해 본 적은 없지만, 내 마음을 알아줄 사람이 아무도 없다는 느낌이 들었을 때, '이래서 사람들이 자살하는구나!' 어렴풋이 느껴본 적은 있다.

『딱 90일만 더 살아볼까』(닉 혼비 | 이나경 | 문학사상사)는 새해가 되기 전날, 떨어져 죽을 마음으로 올라온 네 명의 남녀가 옥상 위에서 우연히 만나는 이야기다. 사연과 성격이 제각각인 그들 중에서 모린의 사연을 보니, 내가 그녀였대도 자살했겠다 싶었다.

하룻밤의 실수로 아이를 밴 모린. 남자는 아이를 낳기도 전에 도망가고, 낳은 아이는 식물인간이다. 눈의 초점도 맞지 않고, 말 한 마디 못하며, 하루 종일 휠체어에 앉아 있는 아들을 20년 동안 혼자 키운 모린은 이제 그만하고 싶어서 철조망까지 박아놓은 빌딩 옥상에 오른다.

모린 외에도 미성년자와 하룻밤 자는 바람에 하루아침에 나락으로 떨어진 방송국 MC, 애인이 헤어지자고 하자 홧김에 올라온 10대 소녀와 밴드 해체 때문에 올라왔다가 이들의 사연을 듣고 불치병에 걸렸다는 거짓말을 지어낸 20대 청년까지, 평상시라면 만날 일 없었던 이들이 섣달 그믐에 빌딩 옥상에서 만난다.

서로의 사연을 알게 된 후 그럼 발렌타인데이까지만 살아볼까, 그다음엔 90일까지만 살아볼까, 하면서 자살을 미룬다. 그들이 옥상에서 만나 마음을 털어놓았다고 죽고 싶었던 상황이 나아지지는 않는다. 하지만 가식을 벗고 마음을 털어놓는 것만으로도 세상은 살 만해진다. 책을 덮는 마음이 따뜻해지는 것도 그 덕이다.

영국의 네 남녀가 빌딩 옥상에서 만난다면, 일본의 네 남녀는 인

도에서 만난다. 기독교 문학의 거장으로 불리는 엔도 슈사쿠의 유작 『깊은 강』(엔도 슈사쿠 | 유숙자 | 민음사)에서 '강'은 인도의 갠지즈 강을 가리킨다.

4명의 남녀가 인도 불교 성지 기행에서 만난다. 이소베는 암에 걸린 아내가 죽기 전 "꼭 다시 태어날 테니 나를 찾아요."라고 유언하자, 환생한 아내를 찾기 위해 인도 기행에 나선다. 거기서 카톨릭 사제가 된 친구를 찾으러 온 미쓰코와 야생 구관조를 보려는 누마다, 베트남전에서 죽은 전우의 향을 살라 주려는 기구치 등을 만난다.

이들 각각의 사연 속에서 작가는 '도대체 신은 있는가? 사람은 과연 환생하는가? 왜 어떤 사람은 바뀌지도 않을 세상을 위해 자신을 희생하는가?'라는 묵직한 질문을 쉴 새 없이 던진다.

엔도 슈사쿠는 기독교 문학의 거장이다. 하지만 이 작품은 모든 종교를 초월해 인간 자체에 대해 묻고 있는 것처럼 보인다. 유작이라 그런지 마지막이 급작스럽게 끝나버려 아쉽지만, 죽음과 인간과 구원에 대해 이토록 성실하고 진지한 시선은 만나기 어렵다. 이런 주제를 다루면서도 지루한 설교조가 아니라는 점이 더욱 마음에 들었다.

바다를 바라보는 언덕에 있는 엔도 슈사쿠의 묘비에는 이렇게 씌어 있다고 한다.

인간이 이토록 슬픈데

주여, 바다가 너무도 푸르릅니다.

• • •

슬프고도 행복한 가족사

어떤 이에게는 고민이나 상처라는 것이 사치다. 매끼 가족들의 입에 들어갈 먹을거리 구하는 것도 힘든 허삼관 같은 이에게는 말이다. 『허삼관 매혈기』(위화 | 최용만 | 푸른숲)는 허삼관이라는 남자가 인생의 고비마다 피를 팔아 목숨을 부지하고 가족을 부양하는 이야기다. 할머니에게서 옛이야기를 듣는 것 같아서일까, 책장이 술술 넘어간다.

허옥란과 결혼한 허삼관은 일락, 이락, 삼락 3형제를 슬하에 둔다. 하지만 맏이 일락은 허삼관의 아이가 아니라 딴 남자의 자식이었다. 온 마을이 알고 있는 이 사실을 허삼관만 모르고 있다가 뒤늦게 알고 펄펄 뛰지만 일락이가 누군가를 패서 합의를 봐야 했을 때, 허삼관은 피를 팔아 해결한다. 일락이가 결핵에 걸렸을 때도 치료비를 대기 위해 피를 다섯 번이나 뽑다 쓰러진다.

인생의 고비마다 피를 팔아 연명한 허삼관은 늘그막에 돼지 간과 황주가 먹고 싶어 피를 팔러 가는데, 젊은 의사가 '당신 피를 받느니 돼지피를 받겠다'며 거절한다. 상심한 남편에게 허옥란은 고마움의 표시로 돼지 간과 황주를 사준다.

문화혁명, 인민재판 등 굵직굵직한 중국 현대사의 사건들이 구수한 이야기에 섞여 흘러간다. 뛰어넘을 건 뛰어넘고, 재밌는 부분만 풀어주는데도 어느 순간 코끝이 찡해진다. 읽고 나면 한 끼 먹고 사는 게 절박했던 시대와 견주어 지금 내 고민은 아무것도 아니라는 생각이 들지도 모르겠다. 그래도 인생이 텀비면 허삼관 흉내를 내서 이렇게 말해보자. "삶은 돼지고기가 뜨거운 물 무서워하는 거 봤어?"

비록 먹고 사는 문제는 아니지만, 『즐거운 나의 집』(공지영 | 푸른숲)의 위녕 엄마도 만만치 않은 삶을 살고 있다. 성이 다른 세 남매를 키우는 그 엄마는, 전 남편의 사망 소식에 아이들을 이끌고 성당에 가서 추모 미사를 보다가 그날따라 신부님이 문제아들은 모두 결손가정에서 나온다며 이혼녀들을 질타하는 설교를 늘어놓자, "제발, 미사 빨리 끝나게 해주세요." 기도한다.

작가의 자전적 이야기인 이 소설에 나오는 것처럼, 공지영은 실제로도 세 아이를 키우는 싱글맘이다. 고달플 수밖에 없는 현실을 그려놓은 이 소설에는, 그러나 웃기는 대사들이 수두룩하다.

이모는 항상 전화 통화 끝에 습관처럼 "그래도 미모는 챙겨야 한다."고 말하고, 엄마는 강연회에서 "미모를 유지하는 비결이 뭐죠?" 하는 생뚱맞은 질문에 "좋은 피부를 유지하는 비결은 술과 담배, 그리고 내일은 꼭 세수하고 자야지 하는 굳은 결심이에요."라고 대답한다.

물론 웃기는 대사들 사이에 '유치한 것이 우리를 가장 아프게 한다. 밥이 그렇고 잔돈이 그렇고 아주 작은 따돌림이 그렇다' 같은,

겪어보지 않고는 결코 쓸 수 없었을 삶의 진실이 녹아있다.

집이 즐겁거나 화목하지 않은, 혹은 부모가 이혼했거나 새엄마를 들인 모든 분들께 권한다. 나는 이 책을 읽으며 참 많이 울었다. 그리고 책을 덮을 즈음에는 마음이 훈훈해졌다.

울고 싶을 때
빰 쳐주는 글
• 위로 요법 •

나는 어릴 때 잘 울지 않는 아이였다. 당시 아이들이 우는 일이란 주사를 맞거나 선생님께 매를 맞는 것밖에 없었는데, 병원에서 마취 없이 생니를 뽑을 때도 울지 않은 나로서는 주사 맞는 게 뭐 그리 죽을 일인가 싶었다.

　다만, TV를 보거나 책을 읽다가 곧잘 울었다. 삼촌이 사줬던 만화책 『플란다스의 개』를 읽다가 혼자 골방에 들어가 문을 잠그고 엉엉 울다 나오는가 하면, 엄마와 동생들과 함께 드라마를 보다가 눈물, 콧물 범벅이 되어 동생들의 놀림을 받곤 했다. 우는 코드가 달랐다고 해야겠다.

요즘도 나는 영화를 보다가, 책을 읽다가 잘 운다. 언젠가는 사무실에서 시골의사 박경철의 블로그를 보다가 울고 있는데, 직원이 불러서 황급히 고개를 들었더니, 그 직원이 내 벌건 눈을 보고 놀라서 도망갔던 일도 있다.

사실 이 나이 되도록 잘 운다는 건 좀 민망한 일이다. 같이 영화를 보러 간 친구들에게도 민폐고, 만원버스에 앉아 책 읽다가 울면 주변 사람들이 무서워한다.

그렇지만 스무 살 언저리의 어느 겨울, 황량한 논길을 걸으면서 목놓아 울었던 내 경험을 돌이켜 보건대, 사람은 가끔 울어줘야 한다. 사람들 앞에서 강한 모습을 보이고 있을 때도 내 안의 아이는 울고 있으니까. 정신과 의사들이 말하지 않던가? 우는 사람은 괜찮다고. 문제는 눈물이 말라버린 사람들이라고.

울고 싶을 땐, 뺨 때려주는 글들을 만나보자. 실컷 울고, 코 한 번 팽 풀고 나면 정신이 맑아지고 마음이 풀릴 것이다.

● ● ●

눈물은 왜 짤까?

20대에 열독하던 〈paper〉라는 잡지가 있었다. 그 잡지에서 함민복 시인의 「긍정적인 밥」이라는 시를 읽게 되었다.

시 한편에 삼만 원이면

너무 박하다 싶다가도
쌀이 두 말인데 생각하면
금방 마음이 따뜻한 밥이 되네

시집 한 권에 삼천 원이면
든 공에 비해 헐하다 싶다가도
국밥이 한 그릇인데
내 시집이 국밥 한 그릇만큼
사람들 가슴을 따뜻하게 덥혀줄 수 있을까
생각하면 아직 멀기만 하네

시집이 한 권 팔리면
내게 삼백 원이 돌아온다
박리다 싶다가도
굵은 소금이 한 되박인데 생각하면
푸른 바다처럼 상할 마음 하나 없네

　도대체 이런 시를 쓰는 사람은 어떤 사람일까 궁금증을 가지게
되었고, 잡지와 책을 통해 이 시인에 관한 이야기를 읽을라치면, 그
를 만난 사람들은 모두 같은 심정이 되는 모양인지 이 시인에 대한
안타까움이 사무치는 글이 많았다.
　『눈물은 왜 짠가』(함민복 | 이레)는 그 시인 함민복이 강화도에 혼자

살면서 낸 산문집이다. 눈물은 왜 짤까? 고깃국물이라도 더 먹이려고 자꾸 소금을 넣는 어머니 때문이다.

온 동네 처마 밑에 집을 짓는 제비들이 왜 이 시인의 집에만 집을 짓지 않을까? 여자가 살지 않기 때문에? 아무래도 조만간 여자 후배들이라도 불러야겠다.

전자대리점 정리하고 남는 건 뭘까? 도장 3천개.

이 산문집에 나오는 이야기들은 하나같이 슬프고, 하나같이 아름답다. '천상 시인이구나' 느끼게 하는 문장들이 많다.

수수빗자루를 만들어 물청소를 하다가 '수수빗자루를 대고 상수도 물을 뿌리니, 돼지 서너 마리 멱 딴 것보다 더 많은 피가 붉게 흘렀다. 살아 하늘을 쓸더니, 죽어 땅을 쓰는 수수빗자루.' 라고 표현한다.

그 중에서도 가장 기억에 남는 것은 가족에 대한 이야기.

나는 가족과 피붙이란 무엇인가 하는 생각이 든다. 서로에게 향긋한 냄새를 풍겨주는 것만이 아닌, 시큼한 냄새가 나는 김칫국물 자국을 서로에게 남겨주는 존재가 아닌가. 나는 형의 가슴에, 형은 내 가슴에 엎질러진 김칫국물이 아닌가. 어머니는 내게, 나는 어머니에게, 아버지는 내게, 나는 아버지에게, 누나는… 그래 시큼한 김칫국물들이 모여들어 딴 세상으로 떠난 김칫국물들을 그리워하는 명절이다.

이 책을 읽은 친구는 두 가지 감정이 생겼다고 한다. 첫째, 작가가 책 많이 팔아서 돈을 좀 벌었으면 좋겠다. 둘째, 그렇지만 돈 걱

정이 없어지면 작품의 질도 떨어질 텐데……. 독자마저 걱정하게
만드는 사람이다, 그는.

● ● ●

버스 안에서 울어본 적 있나요?

이번에는 프랑스 신부님의 시를 한편 보자.

　다친 달팽이를 보게 되거든
　도우려 들지 말아라
　그 스스로 궁지에서 벗어날 것이다
　당신의 도움은 그를 화나게 만들거나
　상심하게 만들 것이다

　하늘의 여러 시렁 가운데서
　제 자리를 떠난 별을 보게 되거든
　별에게 충고하고 싶더라도
　그만한 이유가 있을 것이라고 생각하라

　더 빨리 흐르라고
　강물의 등을 떠밀지 말아라
　강물은 나름대로 최선을 다하고 있는 것이다

「세월의 강물」

장 루슬로라는 신부님은 어쩜 이렇게 잘 알고 있을까? 느리게 흐르지만, 강물은 나름 최선을 다하고 있다는 걸. 『공지영의 수도원 기행』(공지영 | 김영사)을 통해 알게 된 이 시는 마음을 어루만져 준다. 공지영에게 유럽의 수도원들이 그랬듯이.

이 책은 18년 동안 하느님이 없다고 발버둥치다 돌아와 하느님 앞에 엎드리는 한 영혼의 고백이다. 그 상처 많고 약한 영혼의 솔직한 고백에 눈물이 나지 않을 수 없다. 그런데 하필 그게 지하철 안이었다.

지하철은 그래도 낫지, 한번은 사람이 바글바글한 마을버스 안에서 눈물이 터진 적도 있다. 황급히 책장을 덮었는데, 이미 나온 눈물이 도로 들어갈 리 없고, 내 어깨에 서 있는 사람의 배가 닿을 지경으로 사람이 꽉꽉 들어차 있어서, 일단 창문 쪽으로 고개를 돌렸다. 그리고는 내릴 때까지 그 자세를 유지하느라 목에 근육통이 왔다.

체로키 인디언 아이가 주인공인 『내 영혼이 따뜻했던 날들』(포리스트 카터 | 조경숙 | 아름드리미디어)의 막바지에 이르러서 터진 눈물이다. 사실 책이 진도가 나가지 않아 고전하던 중이었다. 글자가 깨알같이 작은데다 다닥다닥 붙어 있었고, 문장 하나하나가 자연과 인생에 대한 가르침이라 건성으로 지나칠 수 없었다.

'참 진도 안 나간다'고 혀를 차며 읽다가 주인공 작은나무가 기숙학교에 잡혀 가고, 할아버지가 돌아가시는 부분에서 기습적으로 눈물이 터졌다. 일에 치여 살면서, '내 인생 그냥 이렇게 흘러가도록 내버려둬도 될까?'라는 생각으로 머릿속이 꽉 찼을 때, 이 책이 내 뺨을 때려준 격이었다.

• • •

나직하게 위로하는 노래

가끔 울리지 않으면서도 위로해주는 책들이 있다. 『가만가만 부르는 노래』(한강 | 비채)가 그런 책이다. 소설가 한강의 이 산문집을 읽고, 그녀가 좋아져서 소설까지 읽어보게 되었다. 아버지가 걸출한 소설가(한승원)라 그 후광으로 소설가가 되었겠거니, 하는 편견을 이 책이 깨준 셈이다. 글이 참 좋다. "나도 그래요."라고 속삭여주고 싶을 만큼.

과장하거나 고함치지 않고 나직나직 읊조리는데, 읽다 보면 가슴이 툭 떨어진다. 피아노가 너무나 배우고 싶어 몇 날 며칠 울며 떼쓰다가 엄마에게 야단을 맞은 후 문방구의 종이 피아노를 책상에 붙여 놓고 연습했던 그녀는 집안 형편이 나아진 중3 때 뒤늦게 피아노를 배웠다.

> 그 아름답던 선생님이 조금 더 객관적으로 내 곡에 대해 말해주었더라면, 푸들 선생님이 그렇게 아저씨에게 배반당하지 않았더라면, 그 후 다른 피아노 학원을 알아볼 만큼 내 마음에 여유가 있었더라면, 내 삶은 조금은 다른 길로 갔을까. 아마 아닐 거라고 생각한다. 내 음악적 재능이란 설령 있었다 해도 미미하고 시시한 것이었을 거라고. 결국엔 가장 가까이 있던 글쓰기를 택하고 말았을 거라고.

다만 기억한다. 내가 그토록 성실했던 저녁 여섯 시. 검고 긴 바늘이 조금이라도 늦게 한 바퀴를 돌기를 바랐던 그 시간의 두근거림을. 늦었지만 고맙다. 그때 곁에 있었던 이들에게. 그 나이에는 깊이 알기 어려웠던, 숨겨진 따뜻한 마음들에게.

이 이야기를 읽는 동안 내 동생이 생각났다. 교회에서 피아노 치는 아이를 보고 홀딱 반해 집에 와서 책상 위에 종이 피아노를 그려 얹고 시간 날 때마다 피아노 치는 연습을 했던 내 동생. 결국 엄마는 없는 형편에 피아노 학원을 보내줬고, 아빠는 산타할아버지에게 올해는 피아노를 선물 받았으면 좋겠다는 동생의 간절한 바람에 꼼짝없이 전세값에 맞먹는 피아노를 할부로 들여놓아야 했다. 나도 그 나이에는 몰랐다, 그 마음들의 깊이를.

동물원의 '혜화동'과 비틀즈의 '렛잇비'가 인생의 굴곡진 마디마다 자리하고 있는 이 책에는 작가가 직접 노래를 만들고, 부른 CD도 한 장 들어 있다. 나는 아직 못 들어봤는데, 직접 들어본 사람들은 이 작가의 글만큼이나 나직한 목소리도 좋다고 한다.

● ● ●

사람을 위로하는 밥의 힘

누구는 노래에서 위안을 얻는데, 나는 폼 안 나게 먹는 것에 큰 위안을 얻는다. 가장 기억에 남는 선물을 이야기해 보라는 말에 친구가 자취방에서 차려줬던 미역국, 엄마가 사줬던 제과점 초콜릿 따위를 이야기하다가 깨달았다. 아, 나는 밥에 약하구나!

그런 사람이 나 하나만은 아닌지, 『잊을 수 없는 밥 한 그릇』(박완서, 최일남, 신경숙, 성석제, 공선옥, 홍승우, 정은미, 고경일, 이오덕, 김진애, 주철환, 김갑수, 장용규 | 한길사)에는 13명의 밥 이야기가 나온다. 읽다가 눈물 나서 덮기를 여러 번 했다.

처음에 나온 박완서 선생님의 밥은 강된장에 호박잎쌈이다. 고향에서 할머니가 해주면 잘 먹지도 않았던 호박잎쌈이 서울 올라와 몇 년 만에 가장 좋아하는 음식이 되어버린 나는, 읽는 내내 침을 닦아야 했다.

'이 세상엔 맛있게 만든 음식과 맛없게 만든 음식이 있을 뿐, 인간의 몸이 몇 만 년에 걸쳐 시험해보고 먹을 만하다고 판단한 자연의 산물 중 맛없는 것은 없다고 생각한다'라는 박완서 선생의 말씀은 진리의 말씀이다.

장맛비 오는 날, 온 식구가 둘러앉아 먹은 메밀 칼싹두기에 대한 추억도 좋다.

땀 흘려 그걸 한 그릇씩 먹고 나면 뱃속 뿐 아니라 마음속까지 훈훈하고 따뜻해지면서 좀 전의 고적감은 눈 녹듯이 사라지고 이렇게 화목한 집에 태어나길 참 잘했다는 기쁨인지 감사인지 모를 충만감이 왔다. 칼싹두기의 소박한 맛에는 이렇듯 각기 외로움 타는 식구들을 한 식구로 어우르고 위로하는 신기한 힘이 있었다.

밤새도록 아빠의 퉁을 들으며 새알심을 빚어 팥죽을 쑨 엄마가 잘 먹는 자식들을 보며 자랑스러워하는가 하면, 유학시절 주인집에서 끓여준 따뜻한 나베를 잊지 못하는 유학생도 있다. 모든 사연에 진한 감동이 녹아있다.

이오덕 선생은 밥에 관해 이렇게 말씀하셨다.

멀쩡한데 밥맛이 없다는 사람, 그래서 밥을 먹다가 예사로 남겨서 버리는 사람을 나는 미워한다. 그런 사람을 나는 믿을 수 없다. 아무리 훌륭한 말을 하고 근사한 글을 써도 나는 안 믿는다. 그 인격을, 그 사상을, 그가 믿는 종교를, 그가 창조한다는 문학이고 예술을, 학문을…나는 의심한다. 밥은 목숨이고, 모든 사람이 먹어야 하는 것이기 때문이다. 우리 사회는 먹지 못해서 병들고 죽어가는 사람이 너무 많기 때문이다.

● ● ●

죽음을 받아들이는 법

인생에 가장 큰 위로가 필요할 때는 언제일까? 아마도 죽음이 임박했을 때 아닐까? 사람은 누구나 경험으로 배우지만, '죽음'만은 경험에서 배울 수가 없다. 아직 죽음을 실감할 수 없는 나이라면, 믿고 의지하던 사람이 죽었을 때에 가장 큰 위로가 필요할 것 같다.

엄마가 돌아가시고 난 다음 날, 학교에서 내게 어깨를 빌려줬던 친구를 영원히 잊지 못한다. 비록 그 후 뭣 때문에 싸우고 삐치고 했지만, 그때의 고마움만은 죽을 때까지 잊을 수 없을 것이다.

『모리와 함께한 화요일』(미치 앨봄 | 공경희 | 세종서적)은 루게릭 병에 걸린 교수와 제자가 매주 화요일마다 만나 주고받은 이야기를 써놓은 책이다. 참으로 희한한 것은, 위로 받아야 할 사람은 곧 죽을 모리 교수인데, 그 교수의 말이 멀쩡한 우리를 위로한다는 것이다.

사람들에게는 특별히 무서워하거나 닥치지 말았으면 좋겠다고 생각하는 상황들이 있다. 내가 제일 겁내는 상황은 내 몸을 누군가에게 맡겨야 하는 상황이다. 치매처럼 내가 의도하지 않았는데도 남에게 고통을 주거나, 나을 가망도 없이 식물인간처럼 누워 있다거나 하는 상황은 상상만으로도 끔찍하다.

『모리와 함께한 화요일』의 모리 교수가 바로 그런 상황이다. 남이 자신의 엉덩이를 닦아주어야 하는 상황이 왔는데도, 그는 존엄성을 잃지 않고 그들에게서 사랑을 받는다. 누구도 모리 교수가 짐이라고 생각지 않는다. 내가 병들어 누군가의 도움이 필요할 때 나는 과연 그들의 짐이 아니라 모리 같은 사람이 될 수 있을까?

결국 죽음이란 어떻게 살았느냐의 문제라고 이 책은 말한다.

죽음을 특별한 공포나 슬픔으로 받아들이지 말고, 자연의 일부로 받아들이면 분노로 얼룩진 채 세상을 등지지 않아도 된다는 모리 교수의 가르침은 '바닥에 이르렀을 때에야 비로소 원하던 뭔가를 해볼 수 있다'고 했던 에디터 김경의 말과 함께 죽음에 대한 나의 가치관을 바꾸어 주었다. 엄마가 떠나기 전에 내가 이 책을 읽었더라면 좋았을 텐데……

집에 병든 가족이 있거나, 소중한 사람이 인생의 마지막을 살고 있다면 이 책을 꼭 읽어보라 권한다. 소중한 사람과의 시간을 의미 있게 보낼 수 있을 것이다.

chapter 05

결국 사람이 희망이다
•인터뷰•

나는 정말 그를 만난 것일까? | 그녀에게 말하다
김훈은 김훈이고 싸이는 싸이다 | 온 더 로드

그때 나는 스물여섯, 연예인이 파워맨이라고 믿어 의심치 않았던 풋내기 연예잡지 기자였다. 사회에 대한 불만을 랩으로 맛깔나게 부르던 DJ DOC의 랩퍼 이하늘과 인터뷰하면서, 스스로를 약자라고 규정짓는 그가 이해되지 않아서 한 마디 던졌다.

"이렇게 노래로 만들어 부르면서도 왜 스스로 약자라고 하죠? 드러내놓고 불만을 표출하고 수백만이 따라 부르는 데 힘이 있는 쪽 아닌가요?"

이하늘이 대답했다.

"누구나 우리처럼 이야기할 수는 있어요. 하지만 노래를 부르고 난 후에도 바뀐 건 하나도 없잖아요? 강자는 그런 것들을 바꿀 수 있는 사람들이죠."

뭔가 댕~ 뒷머리를 치고 지나갔다. 그렇게 나는 또 하나를 배웠다.

● ● ●

인터뷰의 바이블

나는 인터뷰를 지지리도 못하는 기자였다. 인터뷰 전날 밤에는 잠이 오지 않았고, 언뜻 잠들면 악몽을 꿨다. 약속 시간이 다가오면 아랫배가 살살 아파올 정도였다. 그런 나에게 『나는 정말 그를 만난 것일까?』(황경신 | 소담출판사)는 놀라운 책이었다.

도대체 어떻게 묻고, 어떻게 듣기에, 사람들이 이런 속엣말을 술술 풀어내는 걸까?

개그맨 이홍렬이 돌아가신 엄마에 대해 이야기할 때는 눈이 퉁퉁 부을 정도로 울었고, "일상에서 벗어나길 원하세요?"라는 질문에 "일상이 매일 달라지길 원하죠."라고 대답한 김창완의 인터뷰를 보면서는 어쩜 이런 신선하고도 놀라운 생각이 있을까 감탄했다.

불행히도 이 책은 절판되었고, 내가 최고의 인터뷰어라고 생각했던 황경신은 소설가로 전업해버렸다. 그리고 나는 소중했던 이 책을 나만큼이나 인터뷰집 읽기를 좋아하는 소설가 김영하에게 선물로 주었다.

연예 잡지사가 1년 만에 망하고도, 나는 가끔 인터뷰를 했다. 태풍 때문에 온통 멍든 사과가 바닥을 굴러다니는 과수원에서, 소여물이 설설 끓고 있는 축사 옆 부뚜막에서, 염치불구하고 이것저것 물어보면서 많은 것을 배웠다. 그러면서 나는 서서히 인터뷰에 중독되어 갔다.

신문이나 잡지에 내가 좋아하는 사람의 인터뷰가 실리면 무조건 읽는다. 그렇게 읽다 보니 인터뷰를 잘하는 사람들의 이름을 기억하게 되었고, 그이들이 하는 인터뷰라면 상대가 누구든 읽게 되었다. 좋은 인터뷰는 스크랩했고, 그러다 책이 나오면 샀다.

친구가 물었다.

"인터뷰에 나오는 멋진 말 있잖아? 진짜 그 사람이 그렇게 말하는 거야? 아니면 기자가 쓰는 거야?"

당연히 한 말을 쓰겠지, 하지 않은 말을 지어내겠느냐고 하자,

"사람이 어떻게 그런 멋진 말을, 아니 멋진 생각을 할 수 있어?"

라고 했다. 그걸 끌어내는 게 인터뷰어의 기술이다.

사람은 누구나 가슴에 책 한 권 보다 많은 사연을 묻고 산다. 그 사연과 생각은 진심을 믿어주는 상대 앞에서 멋진 말이 되어 나올 수 있다. 좋은 인터뷰어들의 인터뷰를 읽는 건, 그래서 참으로 멋진 경험이다.

• • •

사려깊은 인터뷰

내가 최고의 인터뷰어로 생각하는 사람은 잡지 〈씨네21〉의 김혜리

기자이다. 그녀 스스로는 붙임성과 순발력이 모자라 어딘가 절박해 보이는 인상의 도움을 받고 있다고 하지만, 인터뷰를 읽어보면 그녀가 인터뷰를 위해 얼마나 많은 자료를 보고 철저히 준비했는지 알 수 있다. 인터뷰이에 대해 풀어놓는 문장도 최고이며, 인터뷰를 글로 옮길 때도 괄호 안에 '좌중 폭소' 같은 지문을 넣어 현장감을 살린다. 숙고에 숙고를 거듭하여 쓴 글이다.

그녀의 인터뷰집 『그녀에게 말하다』(김혜리 | 씨네21)에는 박민규, 강금실, 나문희, 송강호, 이병헌, 김혜수, 진중권 등 21명의 인터뷰가 실려 있다.

사실 인터뷰집에 대해서는 이러쿵저러쿵 말하는 게 사족처럼 느껴진다. 인터뷰이들의 말만 읽어봐도 왜 인터뷰집이 매력적인지 알 수 있으니까.

가끔 소설 쓰는 비결을 묻는 사람이 있는데 그런 건 없고 그저 게임 같다고 생각해요. 글 쓰는 일은 제가 좋아하니까 즐겁지만, 또 어렵잖아요. 게임도 비슷해요. 하다보면 진짜 어렵고 엔딩을 못 볼 것 같은 게임이 있죠. 그때 엔딩을 볼 수 있는 방법은 단 한 가지예요. '컨티뉴'를 누르는 것, 계속 컨티뉴 해서 결국 깨는 거죠. 그래서 소설도 계속 '컨티뉴'를 눌러서 써요. (소설가 박민규)

망가진다는 것이 무슨 의미인지 아직도 모르겠어요. 예를 들어 술 먹고 예쁘게 토하는 사람이 있나요? 실연당해 미쳐버리겠는데(조

신하게 옷소매를 올리고 훌쩍거리는 시늉) 이러는 사람이 있겠냐고
요. (배우 김선아)

전 보수주의자도 급진적 진보주의자도 아니에요. 한겨레 발전기금
을 내는 정도죠. 우히힛. 그러나 어린아이들이나 무고한 보통 사람
들이 이유 없이 희생당하는 사건에는 화가 나요. 봉준호 감독의 영
화가 하는 말도 결국 그런 거라고 생각해요. "국가나 사회가 당신들
을 지켜줄 것 같아요? 천만에요. 운이 좋아야 해요." 라고 말하는 거
죠. (배우 송강호)

여성 모델을 보여주며 '주부의 마음까지 고려했다' 고 내세우는, 주
방을 여자의 공간으로 전제하는 광고가 세계 최고 교육 수준을 가졌
다는 우리나라 여성들에게 어떻게 먹히는지 모르겠어요. 친구를 초
대해서 김치냉장고로 기를 죽였다, 이런 것도 사실 성희롱이에요.
여자를 대체 어떤 존재로 여기는 겁니까? 마치 남자들이 친구랑 목
욕탕에 가서 물건 크기로 기를 죽였다는 것과 같죠. (건축가 황두진)

• • •

톡톡 튀는 인터뷰
패션지 〈바자〉 에디터 김경은 『김훈은 김훈이고 싸이는 싸이다』(김
경 | 생각의나무)라는 인터뷰집을 냈다. 톡톡 튀는 그녀의 스타일다운
인터뷰다.

난 사실 20대도 싫어. 젊은 놈들을 보면 그런 놈들의 나이를 다 졸업했다는 것이 참 다행스럽게 여겨져. 저런 무지몽매한 자식들하고는 이젠 상종할 일이 없으니까. 얼마나 다행이냐고? 그 놈들이 뭐 부럽다는 생각은 추호도 해본 적이 없어요. 그 시절로 돌아가고 싶지도 않아요. (소설가 김훈)

눈이 나쁜 몇몇 사람들이 저한테 이런 얘기를 많이 해요. 제 겉만 보고는 동심이 남아있는 것 같고 순진해 보인다고. 그럼 저는 바로 이런 얘길 해요. 그만큼 제가 게을리 살았다는 얘기라고. 현장에서 열심히 살다보면 거짓말도 하게 되고, 때로는 나쁜 일도 하게 되거든요. 그런데 저는 열심히 안사니까 그럴 일이 드문 것뿐이에요. (시인 함민복)

사람이 일어나자마자 달을 보게 할 것인가, 해를 보게 할 것인가 하는 문제가 모두 건축가의 손에 달려있는 것이지요. 그건 건축가로서 굉장히 두려운 것이기도 하죠. (건축가 승효상)

위대한 작가들이 모두 위대한 작품만 한 건 아니더라구요. 이것저것 닥치는 대로 열심히 하다 보면 하나쯤 터지지 않을까요? (만화가 이우일)

배우는 정말로 기다리는 직업이야. 그리고 또 뭘 기다리는 줄 알아?

나를 송두리째 내던질 수 있는 좋은 작품. 난 그걸 30년 동안이나 기다렸어. 슬프지 않냐? 이제 다 늙었는데 더 기다려야 한다는 게.

(배우 주현)

● ● ●

여행을 부르는 인터뷰

다큐멘터리 PD가 낸 『온 더 로드』(박준 | 넥서스)는 여행서로 분류되지만, 인터뷰집이다. 여행자들의 천국이라는 방콕 카오산에서 만난 장기 여행자들의 인터뷰를 담았다.

인터뷰이들 가운데는 열일곱 살에 고등학교를 자퇴하고 인도의 오로빌에서 자원봉사하고 있는 우리나라 여학생도 있고, 마흔이 넘은 비구니도 있다. 팔레스타인 사람들에게는 미안하지만 자기 땅을 내줄 수는 없다는 이스라엘 여성도 있고, 방에 들어갈 때 신발을 벗는 사람들이 있다는 사실을 처음 알았다는 미국의 여고생도 있다.

이 책을 읽고 나면 여행, 그것도 장기 여행을 하고 싶어지는 부작용이 있다.

Q. 여행을 하는 이유가 있어?

A. 여행은 아침 기도를 빼면 내 삶에 가장 커다란 충만감을 주고 있어. 나의 교만을 버리게 만들었고 내가 누구인지도 생각하게 했어. 여행을 하면서 많은 사람들을 만날 수 있었거든. 특히 자기 삶, 자기 자신을 사랑하며 사는 사람을 보는 건 정말 좋아. 라오스나 중국, 베

트남, 태국은 자메이카의 시골을 떠오르게 해. 그들은 사람이 살 수 있는 가장 단순한 방식으로 살고 있지. 작은 방에 침대 하나, 부엌, 몸을 씻을 공간, 그 뿐이야. 그들에게 행복하냐고 물으면 행복하다고 대답해. 그들보다 많은 것을 가진 우리들은 과연 행복한가?

라오스의 방비엔에는 '리버사이드'라는 게스트하우스가 있어. 이름 그대로 강가에 있는 게스트하우스야. 거기서 일하는 남자가 하나 있는데, 매일 그가 하는 일은 안내데스크에 앉아 강을 바라보는 일이야. 그게 전부야! 만약 손님한테 문제가 있으면 가서 해결해주고 돌아와 다시 강을 봐. 하루 종일 말이야. 이런 완벽한 인생이 또 있을까? 물론 내 말은 이렇게 사는 게 모든 사람에게 어울린다는 건 아니야.

사람들은 돈과 거창한 것에만 마음을 뺏기고 있어. 큰 집, 큰 차, 많은 돈… 작은 집에서 몸이 필요로 하는 만큼만 먹어도 부족할 게 없는데 말이야. 생각해 봐. 우리는 너무 많은 걸 먹잖아. 모든 것이 지나치잖아.

난 단순한 사람이 되기 위해 노력해.

나는 사람을 좋아한다.

어린 시절 친구네 집에 놀러 갔다가, 숫기가 없어 집으로 뛰어와서 볼일을 보고는 쏜살같이 다시 그 집으로 달려가는 나를 보며 엄마는 "아이고… 저렇게 친구가 좋을까?" 했다. 잘 챙기지도 못하고, 살갑지도 못한 성격이지만 아직도 내 주변에 사람들이 남아있는 걸 보면 내가 사람을 좋아하는 본성만은 숨기지 못하고 살았구나 싶다.

사람에게서 많이 배운다.

다만 사람이 일생을 통틀어 관계를 맺고 살 수 있는 사람은 제한 적이기에 책을 읽는다. 책을 쓰는 사람들의 이야기에 귀를 기울이고 있자면, 비록 그를 만나지 못해도 그가 친구 같고, 선배 같다.

평생에 책을 100권 읽는다면, 100명 이상의 사람을 만난 셈이다. 나는 좀 더 많은 사람을 만나고 싶어 책을 읽는다.

수월하게 책읽기,
다섯 가지 팁

Tip1 : 공짜로 책 읽기
Tip2 : 인터넷의 바다에서 내 취향 책 찾기
Tip3 : 광고만 잘 봐도 좋은 책이 보인다!
Tip4 : 읽고 뒤돌아서면 까먹어요!
Tip5 : 도대체 언제 책을 읽나요?

공짜로 책 읽기
　　　　: 도서관 활용법

　책을 사는 것도 큰일이다. 한 권에 1만 원이 넘어가는 가격도 가격이지만, 내 경우 거의 2년마다 이사를 다니는데, 책이 많으면 무거워서 이사하기도 힘들다. 이삿짐센터 아저씨들이 가장 싫어하는 것이 책짐이다.

　만약 나처럼 일 년에 100권 이상 책을 읽는 사람이 그 책을 모두 소장했다면 집에 커다란 서재가 있어야 할 것이다. 서재도 없고, 모든 책을 사볼 형편도 안 되는 나는, 학교 다닐 때부터 도서관을 이용했다.

　고등학교 때는 점심시간에만 여는 학교의 작은 도서실에서 책을 빌려 읽었다. 총각 국어 선생님을 좋아해서 영화 「러브레터」처럼 대출카드를 들춰 그분이 빌려 가신 책을 나도 빌려와서 읽곤 했다. 박노해의 『노동의 새벽』, 김지하의 대설 『남』 등을 그때 읽었나 보다.

　대학교 때도 도서관에서 책 빌려 읽는 것을 좋아했는데, 특히 국문과에서 내놓고 읽는다고 말하기 거시기한 한수산, 김수현 등 통속소설 작가들의 말랑말랑한 연애소설을 자주 빌려 읽었다. 아마 지금도 그럴 텐데, 대학교 도서관은 취직 공부 때문에 열람실이나 줄서서 자리 잡지, 자료실은 한가하다. 읽을 책을 언제든 대출받을 수 있다.

이렇게 제도권 교육이 끝나면 학교 다닐 때는 거들떠보지도 않았던 학교 도서관이 아쉬워질 정도로 주변에 책을 빌려 읽을 곳이 없다. 그렇다고 책 대여점에는 한정적인 책만 있으니 취향이 다르면 이용할 수도 없고.

　　하지만 잘 둘러보면 주변에 분명히 지역 도서관이 있다. 비록 규모나 시설은 떨어지더라도 시 단위라면 틀림없이 나라에서 운영하는 도서관이 있다. 그런 곳에 가서 도서 대출증을 만들자. 대출증은 신청하면 일주일 뒤에 발급받을 수 있는데 한 번에 3~5권까지 빌려주며, 대출기한은 15일이다. 날짜만 잘 지키면 평생 공짜로 책을 빌려볼 수 있는 곳이 생기는 셈이다.

　　이런 곳들은 아무래도 원하는 책을 마음껏 읽을 수가 없다. 인기 있는 책은 한정적인데 이용객은 많기 때문이다. 읽고 싶은 책은 언제나 대출중이다. 그럴 때는 인터넷을 이용하면 된다. 우리나라 공공도서관에는 인터넷 홈페이지가 있어서, 대출예약을 할 수 있다.

　　또, 신간을 읽고 싶다면 희망도서 신청제도가 있다. 인터넷 홈페이지를 통해 희망 도서를 신청하고 기다리면, 고맙게도 책이 들어오면 바로 알려준다. 요즘은 직장인들을 위해 늦게까지 자료실을 개방하는 도서관도 있다. 당장 인터넷에 들어가서 내 주위에 가장 가까운 도서관은 어디인가 검색해보자.

Tip2 인터넷의 바다에서 내 취향 책 찾기
: 인터넷 활용법

"어떤 책이 재미있는지 어떻게 알 수 있나요?"

"책에 관한 정보는 어디서 얻나요?"

이런 질문하는 사람들이 꽤 많다.

"누가 이 책 재미있다고 아예 리스트를 만들어주면 좋겠다."고
하는 사람들도 있다.

하지만 사람은 취향이 제각각이라 내가 재미있게 읽었던 책도 내
친구는 반도 못 읽고 덮을 수가 있고, 내가 허접하다 생각했던 책도
누군가에게는 인생의 책이 될 수도 있다.

그래서 나는 인터넷을 적극 활용하라고 권한다. 내가 읽었던 책
중에 마음에 드는 책을 인터넷에서 검색해보면 수많은 리뷰가 올라
와 있을 것이다. 찬찬히 살피다 보면 나하고 비슷하게 느낀 사람들
의 리뷰를 발견할 수 있다. 그 리뷰를 쓴 블로그에서 다른 책 소개
리뷰들도 좀 더 훑어보라.

그 중에서 자신이 읽은 책이 있다면 좋겠지만, 없다고 해도 글을
읽어보면 리뷰하는 사람의 성향과 글솜씨를 파악할 수 있다. 이 사
람이 추천하는 책을 읽어서 마음에 들었다면 이 사람과 당신은 책
읽는 코드가 맞는 것이다.

이런 리뷰 블로그를 몇 개만 즐겨찾기 해놓으면 어떤 책을 읽을

까 고민할 필요가 없다. 블로그나 싸이의 이웃 맺기와 크게 다르지 않다. 돌아다니다 보면 마음에 들고, 취향도 비슷한 블로그를 만나고, 그렇게 들락거리다 보면 유용한 정보를 얻게 되고, 나의 리뷰도 그들에게 도움을 주게 된다.

나는 대부분의 책을 이렇게 찾아 읽는다. 책도 종류가 많으니까 어떤 사람은 소설을, 또 어떤 사람은 경영이나 처세서 위주의 독서를 한다. 한 장르를 파고드는 사람이라면 더욱 믿음직하다. 재미있는 소설을 읽고 싶을 때에는 소설만 읽는 사람의 리뷰를 참고하고, 회사 일 때문에 급히 경영 관련 책을 찾아봐야 한다면 그런 방면의 전문가 리뷰를 참고하면 된다.

나는 친하게 지내는 인터넷 이웃들의 취향이 비슷하다 보니 어느 시즌에는 한꺼번에 같은 책에 관한 리뷰가 좌르륵 올라올 때도 있다. 그런 책은 놓치지 않고 보는 편이다. 『파이 이야기』 같은 경우는 믿음직한 친구의 '정말 좋은 책이다' 는 리뷰를 보고 읽게 되었는데, 리뷰가 아니었다면 그 두꺼운 책을 읽어볼 엄두조차 내지 않았을 것이다. 이렇듯 긴가민가한 책이 있을 때 믿음직한 사람들의 리뷰는 큰 도움이 된다.

이렇게 돌아다니기가 귀찮다면 인터넷 서점을 이용하는 방법도 좋다. 자주 이용하는 인터넷 서점의 독자서평을 참고하거나 신간 안내 메일을 받는 방법도 괜찮다. 이 경우에는 출판사나 인터넷 서점 자체의 마케팅이나 홍보가 개입되므로 이것이 광고인지 진짜 감상평인지 판단하는 안목이 필요하다.

Tip3 광고만 잘 봐도 좋은 책이 보인다!
　　　: 신문, 잡지, 광고 활용법

　나는 우리나라 출판 기자들의 리뷰를 상당히 신뢰하는 편이다. 특히 중앙 일간지의 신문 기자들은 프라이드가 남달라서 보도자료 그대로 쓰는 것을 자존심 상하는 일로 여긴다. 그래서 프랑스 작가 베르나르 베르베르는 "한국의 기자들은 책을 읽고 기사를 쓰는 모양"이라고 했던 것이다.

　내가 신문에서 주로 참고하는 기사는 이름을 들어본 적이 없는 신인 작가나 외국 작가의 책이 비중 있게 소개된 경우이다. 처음 보는 책인데 어느 신문이나 비중 있게 소개되었다면 그 책은 읽을 만하다.

　기자들도 사람이라 재미있는 책을 만나면 흥분해서 기사를 쓰기 마련이다. 거의 모든 일간지에 기자들이 흥분된 톤으로 기사를 쓴 책은 백발백중 재미있는 책이다.

　작은 기사라고 무시하지 말자. 신간 소개란을 꼼꼼히 훑으면 기성 작가의 신간이나 재미있는 제목의 책들을 발견할 수 있다. 수첩에 적어 놓았다가 나중에 도서관이나 서점에서 들춰보면 내가 읽을 만한 것인지 판단이 설 것이다.

　신문을 구독하지 않는다면 잡지에서 정보를 얻는 것도 좋다. 여성지든, 전문지든, 무가지든 어느 잡지에나 뒤편에는 '신간소개' 코너가 자리 잡고 있으니 참고할 것.

책 광고에도 법칙이 있다. 대대적인 물량으로 연일 광고를 퍼붓는 책들이 있는데, 그런 책들 중에도 괜찮은 책들을 많이 봤다. 영화는 개봉일로부터 일주일 만에 사활이 결정되기 때문에 예고편이나 광고의 낚시에 걸려 극장에 갔다가 재미없다고 욕하면서 나오는 일이 허다하다.

책을 만드는 데는 영화보다 훨씬 적은 돈이 들고, 영화처럼 일주일 만에 성패가 결정되지도 않는다. 그렇기 때문에 광고비에 영화만큼의 투자를 할 수 없다. 그런 시장 상황에도 불구하고 대대적으로 광고 하는 책은 내용에 자신이 있는 경우다.

나는 그런 광고를 통해 『영원의 아이』와 『남자처럼 일하고 여자처럼 승리하라』를 읽게 되었다. 이런 책들은 국내에 알려진 작가가 아니라 사람들이 선뜻 구입하게 되지 않는데, 일단 읽어보면 입소문이 날 수 있기 때문에 초반에 지속적으로 광고 한다.

물론 요즘은 출판사와 서점이 결탁해서 베스트셀러를 만들어내기도 하고, 내용이 없는 책인데도 무얼 믿고 그러는지 모르겠지만 광고를 대대적으로 하기도 한다. 그런 경우에는 이미 읽은 사람들의 리뷰를 통해 옥석을 가리는 것이 필요하겠다.

Tip4 읽고 뒤돌아서면 까먹어요!
: 노트 활용법

나이가 들수록 기억력이 감퇴된다는 사실이야 익히 알고 있었지만, 실제로 당해보니 이건 가속도가 붙어서 감퇴 정도가 아니라 숫제 기억력이 없어져 버리는 건 아닌가 걱정될 정도이다.

기억력이 감퇴되어 가장 불편한 것은 글을 쓸 때다. 예전에는 영화 리뷰 따위 30분이면 충분했는데, 요즘은 영화 제목, 배우 이름 등 고유명사가 생각나지 않아 인터넷 검색하고, 책 찾아보고 하느라 리뷰 한 편 쓰는데 1시간은 예사로 훌쩍 뛰어넘는다.

독서도 마찬가지여서, 책장을 덮고 돌아서는 순간 그 안에 있던 내용이 휘발되어, 도대체 내가 어떤 내용의 책을 읽었는지 기억이 나질 않는다. 그저 재미있었다, 재미없었다, 감동적이었다는 추상적인 느낌만 남아있지 주인공 이름이고, 에피소드고 기억나지 않는다.

선천적으로 기억력이 약한 사람도 있을 것이고, 세상에 기억할 것도 많은데 책의 내용까지 기억해야 할 필요성을 못 느낄 수도 있다.

하지만 잊어버리기 위해 책을 읽는다면 독서가 다 무슨 소용일까? 우리는 책을 읽어 모르던 것을 알게 되고, 감동과 재미를 느끼고, 인생의 지침을 배워 더 나은 인간이 되고 싶다. 책을 그렇게 활용하려면, 기억하는 것이 중요하다.

그저 읽는 것만으로는 오래 기억할 수 없으니 기록하자.

나는 고3 겨울방학부터 독서노트를 쓰기 시작했다. 그 노트는 대학을 다니고, 직장생활을 할 때도 끈기 있게 이어져 13년 동안 9권이 남았다. 이후에는 인터넷에 책 리뷰를 올렸다. 어떻게든 기록으로 남겨놓은 책이 훨씬 오래 남는다.

기억이 사라져도 기록은 남아있기에 독서노트를 보고 옛 기억을 더듬게 되기도 한다. "아, 내가 이런 책도 읽었구나.", "이런 좋은 구절이 있었네."하면서 노트를 들춰보는 재미도 쏠쏠하다.

기록하는 것보다 더 좋은 방법도 있다. 바로, 남에게 이야기하는 것. 어느 책에서 봤는데 이런 내용이 있더라는 이야기를 하고 나면 그 내용은 내 머리에서 잊히지 않는다. 말을 한다는 것은 내 머리에서 한번 정리되어야 가능하기 때문에 그렇다. 학교에서 반복학습을 강조하는 것과 같은 맥락이다.

강의라도 하고 있다면 자신이 읽은 내용을 말해 볼 텐데, 그렇지 못하다면 독서클럽을 한번 만들어 보는 것이 어떨까? 미국 사람들은 보통 한 개 이상의 독서클럽에 가입되어 있다고 한다. 같은 책을 읽고 토론하는 모임이다. 어쩌면 미국의 저력이란 그런 것일지도 모르겠다.

얼마나 읽느냐보다 더 중요한 것은, 읽은 것을 얼마나 기억하고 활용하는가이다.

Tip5 도대체 언제 책을 읽나요?
: 독서 시간 내기

책을 읽고 리뷰 올리는 블로그를 운영하다 보면 이런 질문을 가장 많이 받는다.

"대체 언제 책을 읽나요?"

나는 짬짬이 책을 읽는다. 출퇴근하는 버스나 지하철 안은 책을 읽기에 가장 좋은 장소다. 물론 콩나물시루 같은 버스에 서서는 불가능하지만, 집이 종점 근처라 앉아갈 수 있다거나 지하철에서 책 펴들 수 있는 공간만 확보된다면 이 시간만큼 책 읽기 좋은 시간은 없다.

회사에서 집까지 통근시간이 1시간가량 걸리던 곳에서 회사 근처로 이사하고 나서 독서량이 확 줄어든 경험도 있으니, 긴 출퇴근 시간은 양질의 독서시간인 셈이다. 물론 흔들리는 차 안에서 책을 읽으면 눈이 나빠진다. 하지만, 흔들리는 차 안에서 핸드폰으로 DMB 방송을 뚫어져라 보는 것보다는 나을 것이다.

이 시간에 무가지를 열심히 보는 이들도 많은데, 어차피 출근하면 커피 한 잔과 함께 바로 인터넷 접속해서 섭렵할 뉴스들 아닌가? 지하철 안에서는 책 읽고, 연예인 근황은 인터넷으로 해결하자.

기다리는 시간에도 책을 읽는다. 나는 시간 약속에 강박증이 있는 편이라 항상 일찍 도착하는 편이다. 책을 가지고 가면 상대방이 언제 오나 시계 보면서 조바심칠 필요도 없고, 좀 늦게 나온다고 해도 짜증을 줄일 수 있다. 늦어서 조바심쳤던 상대방도 기다리는 사람이 책을 읽고 있으면 한결 죄책감이 덜어진다.

약속 장소가 길거리인데 어떡하냐고? 걸어 다니는 것도 아닌데 왜 못 읽겠는가? 벤치에 걸터앉거나, 앉을 곳이 마땅치 않으면 벽이나 가로등에 기대서 읽으면 된다. 내 친구들은 약속 장소에 오면 책에 머리 박고 있는 사람을 찾는다. 그게 나니까.^^

살면서, 기다려야 하는 시간은 차고도 넘친다. 영화가 시작되기를 기다리고, 강의가 시작되기를 기다리고, 버스가 오기를 기다리고, 요리가 나오기를 기다린다. 책을 가방 속에 넣고 다니다 보면 그런 자투리 시간이 얼마나 많은지 놀라게 될 것이다.

집에서는 잠들기 전에 책을 읽는다. 하루 중 가장 평안한 상태이므로 글자가 쏙쏙 들어올 것이다. 더불어 불면증으로 고생하시는 분들에게는 지루하고 두꺼운 책을 권한다. 수면용으로 그만이다.

주중에는 이렇게 책을 읽고, 주말에는 일주일간 읽어왔던 책을 오늘 끝낸다는 마음으로 책 한 권을 마무리하자. 볼만한 채널이 없다고 애꿎은 리모컨 운동시키지 말고, 과감하게 TV를 끄고 책을 읽자. 집에서는 도저히 안 되겠다면, 동네 도서관으로 마실 나가보자. 조용한 도서관에서는 의외로 집중력이 높아져 책 읽는 속도가 빨라진다. 이렇게 하면 일주일에 책 한 권 읽는 거, 일도 아니다.

독서 시간을 내기 위해 원래 하던 일을 접거나, 서재를 만들어야 하는 것은 아니다. 책 한 권 들어갈 수 있는 넉넉한 가방 하나면 족하다. 들고 다니다 짬이 날 때마다 책을 펴자.

　소설가 김연수는 세상 모든 작가의 첫 소설은 '키친테이블 노블 (kitchen table novel)'이라고 했다. 직장에서 돌아와 부엌 한 켠의 어 둑한 식탁 위에 불 켜놓고 혼자 끄적끄적하는 애잔한 시간 없이 첫 소설은 나오지 않는다고. 그래서 세상 모든 첫 책의 소임은 글 쓰는 사람을 치유하는 것이라고.

　내가 언제부터 글을 쓰기 시작했나 돌아봤더니, 배다른 오빠가 다리 다친 여동생을 업고 내려오는 황혼녘 언덕길의 긴 그림자가 정겨웠던 하이틴 로맨스 풍의 단편소설이 떠오른다. 고등학교 2학 년 때 『젊은 느티나무』를 읽고 설레서 썼던 것 같다. 교지에도 실리 지 못했지만, 우리 반 아이들에게는 인기가 좋았다.
　좀 더 내려가면 초등학생 때 동생 생일선물로 그림까지 그려서 줬던 『장미의 가시는 왜 생겼을까?』라는 창작동화도 있다. 원고지 뒷장에 그려서 묶어줬던 그 동화를 서른 넘은 동생이 아직도 기억 하고 있어서 조금 놀랐다.
　독후감으로 좁히자면 초등학교 2학년 때 『헬렌 켈러』를 읽고 썼던 독후감이 내 인생 최초의 독후감이었고, 선생님과 엄마로부터 칭찬 을 받았다. 이후 나는 칭찬 받으려고 쓰기도 싫은 독후감을 잘도 써 냈고, 덕분에 고1 때는 이문열의 『레테의 연가』를 읽고 독후감을 써내어 짝사랑하던 총각 선생님으로부터 책을 선물로 받기도 했다.

이제 더 이상 독후감을 쓰지 않아도 될 나이가 되자 문득 독서노트라는 것을 만들었다. 대학 시절부터 직장인 6년차까지 9권의 독서노트를 쓰고, 2001년부터는 인터넷상으로 독서노트를 옮겨왔다. 매해 읽은 책들을 쭉 늘어놓고 혼자서 '올해의 책' 따위를 꼽으며 흐뭇해했다.

그렇게 책을 좋아했으면서도 나의 첫 책이, 책에 관한 책이 될 줄은 몰랐다. 그저 좋은 책만 소개해주면 되는 것 아니냐는 무책임한 저자에게 너의 경험과 살아온 세월과 이야기를 전부 꺼내놓으라고 채찍질했던 기획자 미경 언니와, 매일 아침 따뜻한 밥을 해주고 국회도서관 디지털 자료실의 옆 자리에서 같이 자판을 두들겼던 수진 언니에게 감사드린다.

무엇보다 '이요의 숨어있기 좋은 방'을 드나들며 "이요님 글을 보고 책 찜 했어요", "리뷰 읽고 책 샀는데, 재밌게 읽었어요." 했던 얼굴도 모르는 수많은 나의 이웃들에게 감사드린다. 그분들이 없었더라면 나올 수 없었을 책이다.

쓰는 동안 나를 치유해주는 것으로 이미 1차 소임을 마친 이 책이, 더 많은 사람들에게 사랑받을 수 있다면 참 좋겠다.

MEMO

MEMO

MEMO